José
PAI DO FILHO DE DEUS

André Doze

PAI DO FILHO DE DEUS

Prefácio de Dom Molères
Bispo de Bayonne, Lescar e Oloron

Dados Internacionais de Catalogação na Publicação (CIP)
(Câmara Brasileira do Livro, SP, Brasil)

Doze, André
José, pai do filho de Deus / André Doze ; prefácio de Dom
Molères, Bispo Bayonne, Lescar e Oloron ; [tradução Paulo F. Valério].
– 4. ed. – São Paulo : Paulinas, 2015. – (Coleção em busca de Deus)

Título original: Joseph, ombre du Père
Bibliografia.
ISBN ISBN 978-85-356-4032-8

1. José, Santo I. Molères. II. Bayonne. III. Lescar. IV. Oloron.
V. Título. VI. Série.

15-09343   CDD-232.932

Índice para catálogo sistemático:

1. José : Santo : Reflexão teológica : Cristianismo   232.932

4ª edição – 2015
2ª reimpressão – 2021

Título original da obra: *Joseph, ombre du Père*
© Editions des Beatitudes, S.O.C., 1989

Citações bíblicas: Bíblia Sagrada, Tradução da CNBB, 7. ed., 2008

Direção-geral: Flávia Reginatto
Editora responsável: Andréia Schweitzer
Tradução: Paulo F. Valério
Copidesque: Cirano Dias Pelin
Coordenação de revisão: Marina Mendonça
Revisão: Sandra Sinzato
Direção de arte: Irma Cipriani
Assistente de arte: Sandra Braga
Gerente de produção: Felício Calegaro Neto
Projeto gráfico: Telma Custódio
Capa e editoração eletrônica: Wilson Teodoro Garcia

Nenhuma parte desta obra poderá ser reproduzida ou
transmitida por qualquer forma e/ou quaisquer meios
(eletrônico ou mecânico, incluindo fotocópia e gravação)
ou arquivada em qualquer sistema ou banco de dados
sem permissão escrita da Editora. Direitos reservados.

Paulinas

Rua Dona Inácia Uchoa, 62
04110-020 – São Paulo – SP (Brasil)
Tel.: (11) 2125-3500
http://www.paulinas.com.br – editora@paulinas.com.br
Telemarketing e SAC: 0800-7010081
© Pia Sociedade Filhas de São Paulo – São Paulo, 2011

*A todos, homens e mulheres,
cuja amizade confiante foi essa manjedoura
na qual a Mãe de Deus pôde colocar seu Filho,
para ser cuidado por José.*

"Para ir aonde vós não sabeis,
passai por onde não sabeis."

São João da Cruz

PREFÁCIO

"[...] Dobro os joelhos diante do Pai,
de quem recebe o nome toda paternidade
no céu e na terra [...] e sereis repletos
da plenitude de Deus."

(Ef 3,14.19)

Certa vez, Clemente de Alexandria, ao comentar a sua obra *Stromata*[1] [*Miscelâneas*, em português], explicou que ela havia sido concebida como uma tapeçaria multicolorida, reunindo diversos textos de diferentes assuntos, assim como na natureza as flores e as árvores não nascem separadas umas das outras de acordo com sua espécie (cf. *Stromata* VI 1,2,1).

Neste livro simples e agradável, mais oriental do que ocidental, encontraremos algo semelhante. Flores de variadas espécies formam seu buquê: reflexões bíblicas, ecos de uma experiência pastoral, reflexos de uma oração pessoal, influências de autores eclesiásticos, de pensadores, de santos e santas configuram o retábulo em torno da personalidade de São José.

Com efeito, seria mais exato dizer, como enuncia o autor, que tudo gira em torno de Deus Pai. Jesus, de fato, descobriu a paternidade humana por meio de José. O Evangelho faz-se testemunha e memória de sua relação filial com a Primeira Pessoa da Trindade Santa através da

---

[1] Palavra grega que significa "tapeçarias".

palavra *Abbá*, Pai, e até mesmo "Papai", murmurada até a suprema agonia deste Filho bem-amado.

Esse é o argumento que conduz o livro e o singelo pensamento do autor. Com entusiasmo, ele nos conduz a Nazaré, à terra de José e da Sagrada Família. Ao longo dessa estrada, diversas placas nos informam nomes de santos e de movimentos de espiritualidade que nos levam a veredas criativas e sobrevoos surpreendentes.

Alternando doutrina judaica, filosófica, carmelitana e lourdense, o pensamento ágil deste bearnês nos leva a comparações maravilhosas. Contudo, tal flexibilidade não deve despertar ilusões. Ela possui a tenacidade do laço. Ela não tem senão uma meta: ensinar-nos a viver com José, que institui, protege e dirige o lar de Maria e que é para Jesus o rosto do Pai eterno.

Padre André Doze quer oferecer-nos, através de José, um jeito cristão de viver, certa maneira de ver, de andar, de respirar, um jeito de ser e de agir.

Segundo ele, tornar-se filho de José é imitar o que faz o Pai dos Céus (Jo 5,19). É um modo bem simples de gerir a vida através de ações humildes. É filtrar as influências perigosas e decantar sua experiência humana por meio do silêncio e da discrição. É beneficiar o mundo de hoje, que tanto carece de uma "paternidade", como a de José, o pai adotivo que faz "descer sobre a terra a paternidade do céu".

Somos gratos ao presbítero de Lourdes por erigir em doutrina espiritual a palavra de Bernadete: "Não sabeis que, agora, meu Pai é José?". Era agosto de 1872, sete anos antes de sua morte, sete anos antes de ir contemplar o rosto do Pai.

Já se agitam as inumeráveis multidões de peregrinos, ansiosos por realizar o mesmo itinerário de Maria e José: encontrar o Filho e uma alma de criança na Casa do Pai.

Dom Pierre Molères
Bispo de Bayonne, Lescar e Oloron

PRÓLOGO

No início do Concílio Vaticano II, um bispo iugoslavo levanta-se, movido pelo Espírito do Senhor, e chama a atenção para o fato de que São José é demasiadamente negligenciado no ensinamento da Igreja. Explosão geral de risos! Então, traríamos bispos do fim do mundo para isso? Como o riso de Sara, por trás da tenda de Abraão, esse riso entrou para a história..., talvez se tenha elevado até o trono do Altíssimo, pois a resposta não se fez esperar. Na manhã seguinte, terça-feira, 13 de novembro de 1962, o Cardeal Cicognani, falando em nome do Papa, anunciava que o Santo Padre havia decidido introduzir São José no cânone da missa romana, imutável havia séculos, e que esta decisão deveria entrar em vigor no dia 8 de dezembro vindouro.

Foi um gesto audacioso. Mexer no venerável cânone, que remontava ao Papa Pio V, no final do século XVI! Mas João XXIII exprimia algo do fundo de seu coração: com um belo discurso, que retomava os atos de seus predecessores, desde Pio IX, no dia 19 de março de 1961 ele colocou o Concílio nas mãos de seu querido São José (quem sabe disso hoje, entre os que a ele recorrem?). Ele também manifestou o desejo de que o altar de São José, na Basílica de São Pedro, fosse ornado de maneira especial e se tornasse um centro de atração para os cristãos.[1]

---

[1] *Documentation catholique*. 1961. p. 417.

Acima de tudo, porém, João XXIII realizava a promessa de João José Lataste, jovem padre dominicano, morto com odor de santidade aos 37 anos, em 1869, que ofereceu a vida para que José assumisse seu verdadeiro lugar na Igreja e, especialmente, para que seu nome fosse inscrito no cânone da missa.

Padre Lataste tinha, ele próprio, um relacionamento pessoal com São José, cujo nome ele havia tomado em memória de São João José da Cruz, franciscano napolitano, que repetia incessantemente: "Deus é um Pai bondoso, que ama e socorre seus filhos". Esta ternura paterna deve ter sido exercitada pelo próprio Padre Lataste em relação aos prisioneiros da Prisão Central de Cadillac, comuna francesa em Gironda, durante um memorável retiro pregado em setembro de 1864. Ali surgiu um trabalho pastoral com os prisioneiros que desejavam mudar de vida, desvencilhando-se de seu triste universo: a Casa de Betânia.[2] Através dessa experiência, Padre Lataste havia adentrado no mistério de São José.

Sim, porque nesse mistério só se adentra pela experiência. José nada diz e, aparentemente, a Bíblia fala muito pouco sobre ele. Alguns santos, como Santa Teresa d'Ávila, fizeram tal experiência. Ela estava convicta do grande papel desempenhado por José e, de fato, ela o constatava em sua própria vida. O teólogo Francisco Suarez, seu contemporâneo, compreendera bem que São José pertencia à ordem da Encarnação, como a Virgem Maria, ou seja,

---

[2] O enredo do filme *Anjos do pecado* (1943), de Robert Bresson, é baseado na vida de uma das Casas de Betânia e nos dilemas humanos ali vividos.

que seu lugar era único entre os santos, e seu papel, bem maior do que geralmente se crê.

Os que partilham de tal convicção, sem poder justificá--la, são cada vez mais numerosos na atualidade.

Tudo muda depois que alguém reflete, ainda que uma única vez, sobre as responsabilidades excepcionais que esse homem modesto, judeu da tribo de Davi (se é que o foi), assumiu na Encarnação do Filho de Deus. Mesmo contra a própria vontade, a pessoa sente uma espécie de impulso, uma inspiração. Pressente um mistério indefinível, e se o Senhor a ajudar somente um pouquinho, através de algum encontro, de um texto interessante, de alguma experiência tocante, sua convicção se reforça. A pessoa não compreende, mas vive um tipo de experiência – não há outra palavra – e ela quer, cada vez mais, caminhar sobre os passos de Jesus, que descobriu a paternidade humana através desse homem! Jesus sabia melhor do que ninguém que *toda paternidade no céu e na terra provém do Pai* (cf. Ef 3,15). Que mistério admirável! É o Espírito de Jesus, o Espírito do Pai, é esse segredo de Deus que guia e conduz tais buscas, que encoraja o esforço.

Aquele que começa a ser introduzido no mistério de José rapidamente também compreende um ponto essencial: percebe que Maria tem um dos mais importantes papéis a exercer na revelação de José. Não é ela que coloca o próprio Jesus, diretamente, em um caminho novo quando lhe diz: "[...] Olha, teu pai e eu estávamos angustiados à tua procura!" (Lc 2,48)? Palavras surpreendentes, que são o objeto de nossa meditação ou, mais exatamente, de um tipo de itinerário espiritual.

De fato, é preciso fazer um trajeto sobre os próprios passos de Jesus: em razão dessas palavras ele vai aceitar uma descensão desconcertante. Pessoalmente, tal descenso me comove muito, e eu gostaria de compartilhar a impressão singular que ela me causa. Tenho a profunda convicção de que é chegado o tempo em que Maria diz a cada um de nós esta frase, que muitas vezes lemos e ouvimos, sem prestar-lhe muita atenção: "Olha, teu pai e eu estávamos angustiados à tua procura!". O que significa? O próprio Jesus, num primeiro momento, parece não a ter aceitado! A seguir, toda a sua pessoa vai como que se inclinar, em consequência dessas palavras, de um ponto alto e esplêndido para um ponto baixo e humilde, aparentemente, onde seu Pai o espera, onde seu Pai o quer, durante muitos anos. Se Maria me fala, a mim também, com as mesmas palavras – como não posso deixar de crer –, o que ela quer dizer-me? O que devo fazer?

A fim de responder a essas questões é que me lancei à aventura de escrever este livro.

Ele é composto de sete capítulos, organizados em torno do quarto, para respeitar uma atitude simbólica bastante presente na Bíblia. O relato da criação, para começar, está organizado em sete dias, dos quais o quarto é o decisivo. É o dia em que Deus cria os grandes luminares, o sol, a lua e as estrelas como ornamento. São chamados assim porque o nome desses astros soberanos evocavam as divindades, entre os povos idólatras que circundavam os hebreus: o sol ilumina a terra e tornará possível a vida do ser humano; quanto à lua, que preside à noite, ela permitirá a demarcação do tempo. Tais astros refletem a luz, nascida no primeiro dia, e permitem calcular o tempo em que se vai distinguir o dia de sábado, o grande dia em que o ser humano é convidado a encontrar seu Criador, o último dia da criação. Assim, como Deus quis, a quarta-feira remete ao domingo e ao sábado, ao mesmo tempo; é o dia do meio.

De maneira idêntica, a quarta etapa de nosso percurso, a descida de Jesus de Jerusalém a Nazaré, deve iluminar com um novo dia as três primeiras etapas – que são uma reflexão sobre a história do pensamento cristão –, e as três últimas – que tentarão esboçar um modo de vida e de pensamento coerente em relação às descobertas bastante espantosas que seremos levados a fazer.

Aos doze anos de idade Jesus reconheceu que seu Pai queria que ele permanecesse junto de José, o pai que Maria lhe designa. Logo em seguida, o Evangelho nos diz que "ele crescia". Mas também José crescia. Crescia em proporções tais que seu mistério escapava completamente dos pequenos esquemas do pensamento humano. Como o conhecer, então? Com certeza, não através de posturas racionais, como as dos teólogos habituais.[3] Somente a união com Cristo pode trazer elementos de resposta, de modo gradativo, modesto e simples. Somente em Jesus, guiados por Maria, é que podemos tentar falar de José.

O que me ajudou nessa busca foi, antes de tudo, minha experiência de vida e, especialmente, o ministério da Confissão exercido no Santuário de Lourdes. A seguir,

---

[3] Como, por exemplo, o Padre Lallement (falecido em 1977), que confessou ter buscado "durante vinte ou trinta anos [...] em meio a todo tipo de angústias", penetrar o *mistério da paternidade de São José* (Téqui, 1986).

foram duas mulheres – para não falar da Virgem Maria – incessantemente presentes: Santa Teresa d'Ávila e Santa Bernadete.

A última, de modo muito particular, fez-me entrever tudo o que tento dizer aqui e que jamais ouvi ou li antes. Ela é muito mais do que a humilde mensageira da Rainha do Céu que se contentaria em transmitir as palavras escutadas e em guiar as pessoas pelo caminho da conversão: ela indica, com toda a sua vida, uma trajetória profunda, que ainda está por ser descoberta. Ela é, como já se disse muito bem por toda a sua vida, inicialmente em Lourdes, a seguir em Nevers, "o primeiro e o verdadeiro sinal de Lourdes".[4]

Minha tentativa responde a aspirações profundas, como a de Francis Jammes, o poeta que, na década de 1920, invocava São José desta forma:

> Vós, o ridicularizado, cujo nome já é um incômodo entre os lábios do cristão tíbio e uma blasfêmia entre os do ímpio... recebei minha homenagem. Vossa humildade me agita como o vento à profundeza da água. Mas, falai-me de outra maneira que não esse silêncio misterioso! Mostrai-vos a mim, nesta obra, mas de outra maneira que não através de imagens de gesso ou de papel. É preciso que vivais, de verdade, em meu coração, sob minha pena...[5]

---

[4] PADRE BORDES. *Journal de la Grotte*, 4 mar. 1973, p. 2.

[5] D'HARTOY, M. *Le grand péché des catholiques*. Aubanel, 1948. p. 56.

Não se trata senão de uma única coisa: entregar toda a sua consciência, sob a inspiração de Maria, ao convite feito por Filipe a Natanael, no início do Evangelho de São João: "Encontramos Jesus, o filho de José, de Nazaré, aquele sobre quem escreveram Moisés, na Lei, bem como os Profetas. [...] 'De Nazaré pode sair algo de bom?' [...] 'Vem e vê!'" (Jo 1,45-46).

1. DESVELAMENTO PROGRESSIVO

"Bendito seja o Deus e Pai de nosso Senhor Jesus Cristo, que nos abençoou com toda bênção espiritual [...]" (Ef 1,3). Assim é que São Paulo começa sua Carta aos Efésios, que contém um hino admirável a Cristo. Tudo procede do Pai, em Cristo. Tudo é restaurado em Cristo: a imensa agitação da criação, a eleição do povo judeu, a Encarnação do Filho, sua vida, sua morte, sua Ressurreição, sua Ascensão, a existência e a vida da Igreja, tudo converge para Cristo, e Cristo está totalmente voltado para o Pai. "[...] mas quando tudo lhe estiver submetido, então o próprio Filho se submeterá àquele que lhe submeteu todas as coisas, para que Deus seja tudo em todos" (1Cor 15,28).

> Como Cristo que, na sua vida terrena, tinha consciência de vir do Pai e de voltar para o Pai (cf. Jo 13,1), a Igreja deve aprofundar sua consciência de ter saído do Pai e de caminhar para ele.[1]

O tempo do deserto, na vida do povo eleito, é como um encurtamento dessa longa história que continua a se desenrolar: "[...] e no deserto, onde vós mesmos vistes que o Senhor vosso Deus vos conduziu, como um homem carrega seu filho, por todo o caminho que percorrestes até chegardes aqui'" (Dt 1,31). Este Pai é terno *como os que levantam*

---

[1] GALOT, J. *Découvrir le Père*. Sintal, 1985. p. 198. O autor almeja a criação de um ofício litúrgico consagrado ao Pai.

uma criancinha contra o seu rosto (cf. Os 11,4), mas, ao mesmo tempo, exigente como deve ser um verdadeiro pai, desafiando seu filho para formá-lo enquanto o apoia (cf. Dt 8,5). A lei dada ao povo, no coração dessa vida no deserto, não tem outra função, como diz São Paulo, senão ser esse pedagogo que permite esperar o momento abençoado em que os homens, no Espírito Santo, poderão, enfim, gritar *Abbá!* Pai! O Espírito do Filho finalmente irá inspirá-los! (Gl 3,24; 4,6).

Toda a história não passa, portanto, de uma lenta marcha, geralmente dramática e contraditória, visto que é livre, rumo a essa descoberta que tudo modifica: nós também, pobres humanos, podemos chamar Deus nosso Pai! É em Cristo que o Espírito Santo, que ele nos dá, pode iniciar-nos nessas maravilhas. "[...] exaltado pela direita de Deus, ele recebeu o Espírito Santo que fora prometido pelo Pai e o derramou [...]" (At 2,33).

O crescimento de Jesus e sua lenta formação estão ligados a Maria e a José, este casal que devemos aprender a não mais separar, visto que foi Deus quem uniu.

De modo especial, o desenvolvimento da pessoa e do papel de São José está em correlação, de maneira curiosa e que passa despercebida, com o desvelamento do Pai eterno. Um não se dá sem o outro. Nós o veremos na própria experiência de Jesus.

O que está fora de dúvida é que esse desdobramento se faz de maneira progressiva, segundo a vontade do Pai eterno, de quem tudo provém, como medita São Tiago (Tg 1,16-17): "Não vos enganeis, meus caríssimos irmãos. Todo dom precioso e toda dádiva perfeita vêm descendo do Pai das luzes, que desconhece fases e períodos de sombra".

É muito instrutivo considerar as grandes etapas.

UMA LONGA NOITE

Obscuridade inicial

Nosso estudo começa no mistério. O Evangelho de Marcos não traz em nenhum momento o nome de José, ao passo que oferece diversos detalhes sobre a vida de Jesus. Poder-se-ia acreditar que os outros evangelistas tampouco lhe dão importância: nada mais falso. Ao contrário, as poucas passagens de Lucas e de Mateus atinentes a José são da mais alta importância, mas esta importância está oculta. Quanto a João, consagra um versículo significativo no primeiro capítulo de seu Evangelho à descoberta do Messias: "Encontramos Jesus...", diz triunfalmente Filipe, referindo-se àquele que Moisés e os profetas anunciavam, "o filho de José, de Nazaré" (Jo 1,45). Quer dizer, ele estava bem escondido!

Tudo acontece como se o Pai eterno tivesse desejado que este homem desempenhasse seu papel sem ser visto. Ele é o Filho de Davi, pelo qual Jesus poderá trazer legitimamente seu título prestigioso, que caracteriza o Messias. Ele é o esposo da Virgem, e nada é mais impressionante do que esta evidência, a que, de modo geral, não se presta atenção: a Anunciação é redigida, por Lucas, de maneira a fazer aparecer seu nome antes do de Maria. Maria é uma jovem que não é definida senão por seu noivado com José, este homem da tribo de Davi, *e o nome da Virgem era Maria*. José é o nome de um ilustre patriarca que antes havia salvado o Povo de Deus no Egito, e o nome de Maria, abençoado para sempre, soa apenas como um eco do primeiro. Em seguida, porém, José se oculta.

Sua presença, no entanto, é sentida em toda parte nos Evangelhos da infância. Uma presença ativa, vigilante, essencial. Por intermédio do anjo do Senhor, ele é encarregado de tarefas precisas: ir a Belém, seu país de origem, onde o Menino deve nascer; preparar esse nascimento tão excepcional; dar ao Menino o nome de Jesus, que já traz em si todo um sentido (como, aliás, o nome de José), visto que significa Salvador.

Quando poderes da morte ameaçam o Menino, somente José é advertido, mas com que discrição! À noite, através de um sonho, como pode acontecer a qualquer um de nós. Tudo é, a um só tempo, divino e simples, quando se trata de Maria e, talvez ainda mais, de José.

Após a cena fundamental do Templo, no capítulo 2 de Lucas, quando Jesus vai a Jerusalém com seus pais, José desaparece ao mesmo tempo que Jesus e Maria ou, antes, Jesus e Maria desaparecem graças a ele. Ele é apagado e, ao mesmo tempo, apaga. Ele é ocultado e oculta. Seu nome é o particípio presente do verbo hebraico que significa "aumentar" e "diminuir". Aqui, os dois sentidos da palavra se aplicam plenamente: Jesus vai "aumentar" entre suas mãos, Jesus vai crescer admiravelmente: "[...] ia crescendo em sabedoria, tamanho e graça diante de Deus e dos homens" (Lc 2,52). José tem a autoridade para isso (sabe-se que a raiz da palavra "autoridade" é precisamente esta, *augere*, ou seja, "aumentar", "fazer crescer"). Mas, a bem da verdade, a primeira realidade que impressiona, em relação a José, é muito mais certa maneira de "diminuir", de subtrair. Ele subtrai aos olhos a Encarnação. O bispo e teólogo francês Jacques-Bénigne Bossuet dirá magnificamente:

> Os apóstolos são luminares para mostrar Jesus Cristo ao mundo; José é um véu para encobri-lo, e sob esse véu esconde-se-nos a virgindade de Maria e a grandeza do Salvador das almas.[2]

Ocultar, cobrir, retirar, subtraindo a um mundo hostil ou imaturo este Menino que o Pai lhe confia, eis a primeira forte impressão que nos causa o Evangelho, quando buscamos José. Todavia, não nos esqueçamos do essencial. Surpreendido pelos acontecimentos, José estava prestes a se separar, dolorosamente, de sua jovem noiva, tão distinta de outras moças, a quem ele sem dúvida conhecia havia muito tempo e que, imaginamos, lhe devia inspirar um grande amor... Como podia ele, homem simples, encontrar-se em circunstâncias muito além de sua compreensão, onde ele pressente a ação de Deus? Afora isso, dado que era *justo*, como diz a Escritura, seu dever era denunciar Maria.

Esse drama e os sofrimentos torturantes que o acompanharam, por certo, são a ocasião de uma maravilhosa revelação em Mateus: "José, filho de Davi, não tenhas receio de receber Maria, tua esposa; o que nela foi gerado vem do Espírito Santo" (Mt 1,20). Tudo o que a Igreja poderá fazer

---

[2] *Premier panégyrique de Saint Joseph.* 1656. 3º ponto.

é compreender progressivamente o sentido desse versículo, que tudo contém: o Espírito Santo gera o corpo de Cristo em Maria, mas Maria deve morar com José. Trata-se de, com a ajuda do Senhor, entender melhor o sentido dessa expressão.

É significativo que José se preparava para dizer "não" a um mistério que o superava e de que ele se sentia indigno. Deus o convida a dizer silenciosamente, com todo o seu ser, um *sim* que ressoa na eternidade, um *sim* cujo alcance é considerável, como tudo o que toca diretamente à Encarnação.

A seguir, José sairá discretamente do quadro do Evangelho, tão logo seu filho chegue ao seu trigésimo ano. É a idade em que José, o antigo, vai deixar o faraó para começar sua brilhante carreira de primeiro-ministro (cf. Gn 41,46). É a idade em que Davi, o antepassado bem-amado, torna-se rei (cf. 2Sm 5,4), a idade das grandes responsabilidades. A razão desse desaparecimento silencioso, que Maria mais tarde imitará, é simples: doravante Jesus falará do Pai como centro de toda a sua missão. É preciso que aí não haja o menor equívoco. José não deve perturbar em nada essa missão. Ele, em todo o Evangelho, não somente não diz palavra alguma (ele se expressa de outra forma...), mas é preciso que dele não se fale como o "pai de Jesus", tal como o havia feito abertamente Maria, no Templo de Jerusalém, assim como ainda o faziam, no início de sua pregação, as pessoas da Galileia (os povos do Norte!), que o haviam conhecido quando pequenino. Ao escutarem desígnios pouco toleráveis sobre o Pão de Vida, "[...] os judeus começaram a murmurar contra Jesus, porque ele disse-ra: 'Eu sou o pão que desceu do céu'. Diziam: 'Este não é Jesus, o filho de José? Não conhecemos nós o seu pai e sua mãe? Como pode, então, dizer que desceu do céu?'" (Jo 6,41-42).

José devia desaparecer, ao menos aparentemente, a fim de deixar o campo livre para a revelação por excelência, a revelação do Pai Eterno. De fato, nós o veremos, ele está presente de maneira singular, mas não nos antecipemos...

Pedagogia divina

"Que Deus nosso Senhor Jesus Cristo, o Pai glorioso, vos dê o Espírito da sabedoria e da revelação, para que o conheçais de verdade. [...] Deus pôs tudo debaixo de seus pés e o constituiu acima de tudo, como cabeça da Igreja [...]" (Ef 1,17.22). "Tudo me foi entregue por meu Pai, e ninguém conhece o Filho, a não ser o Pai; e ninguém conhece o Pai, a não ser o Filho e aquele a quem o Filho o quiser revelar" (Lc 10,22).

No Filho, nós temos tudo, mas esta revelação se faz progressivamente. São Gregório Nanzianzeno explica o motivo: os homens não poderiam suportar demasiada luz de uma só vez, pois confundiriam tudo. Eis por que foram necessárias longas etapas.

Podemos distinguir três idades do mundo e da graça: a idade do Pai, antes da Igreja; a idade do Filho, para quem tudo converge; a idade do Espírito, a difundir sobre o mundo a graça de Cristo.

Elas correspondem às três manifestações das três Pessoas divinas confessadas no Creio, onde a Criação está ligada ao Pai, a Encarnação redentora ao Filho, a eclosão e a catolicidade da Igreja ao Espírito. A parusia final não inaugurará uma quarta idade do mundo e da graça: ela manifestará a virtude transfiguradora e o esplendor da graça depositada no mundo no dia de Pentecostes.

Cristo aparece no centro do tempo histórico, ao final da segunda idade do mundo e antes da terceira idade, a saber, entre a Anunciação e a Ascensão. Ele está acima da Igreja e dos tempos da Igreja.[3]

Tudo começou pela revelação do Pai. Era preciso que as pessoas compreendessem não somente que Deus existe, mas que não existe senão um só Deus, o que é bem mais difícil admitir. As pessoas acreditam de bom grado na existência de forças superioras a elas que precisam ser apaziguadas: é o princípio do esforço religioso, o mais fundamental, o mais universal que existe na humanidade. O senso profundo da vocação de Abraão e do povo que dele provém é profundamente original em relação a esse instinto religioso da humanidade. Já não se trata de tentar submeter-se a todos esses deuses que o ser humano pressente de modo confuso, a fim de torná-los favoráveis e de colocá-los a serviço de seus interesses. Ao contrário, trata-se de aprender a escutar o único verdadeiro Deus, que toma a iniciativa da palavra. O povo judeu é, por assim dizer, "capturado" por Deus. Está rodeado de

---

[3] CARDINAL JOURNET. *L'Eglise du Verbe Incarné.* D.D.B, 1969. t. III, p. 265.

inúmeros povos idólatras, que querem incluir os deuses em seus jogos e esquemas. Que tentação constante de agir como eles! É tão mais fácil, mais satisfatório – pelo menos aparentemente!

Pouco a pouco, através das terríveis provações que atravessa, das incansáveis admoestações dos profetas, da orientação dos homens de Deus, o povo opta por aceitar o que Deus diz de si mesmo (Is 44,6-7):

> Eu sou o primeiro e sou também o último,
> fora de mim não existe Deus.
> Quem é igual a mim? Que tome a palavra,
> faça seu depoimento e me apresente as provas!

Que objeto profundo de meditação é a constatação desta verdade: de um lado, a revelação divina vai ao encontro da aspiração profunda do ser humano; de outro, ele não parece abrir-se a ela, mas sim, frequentemente, resistir-lhe com todo o seu ser!

A seguir, veio o tempo do Filho. Os primeiros séculos da Igreja são marcados por lutas terríveis, provocadas pela heresia de Ário, o presbítero de Alexandria.

Ele via em Cristo uma criatura superior, mas não acreditava que Jesus fosse Deus e, portanto, igual ao Pai, a segunda Pessoa daquilo que se descobria, pouco a pouco, como o mistério da Santa Trindade. Ário era um homem inteligente, até mesmo brilhante, falava sensatamente, de um modo bondoso, à maneira dos homens religiosos... O Pai está no alto, como o imperador de quem tudo dependia na esfera política; a seguir, vem o Filho, criatura superior, mas *abaixo* do Pai, como ele mesmo diz (cf. Jo 14,28);[4] depois os anjos, seguidos dos seres humanos, ambos devidamente hierarquizados. Um mundo organizado.

São Paulo afirma que a sabedoria de Deus é loucura aos olhos dos seres humanos, e um homem entregue somente às luzes da razão "não aceita o que é do Espírito de Deus" (1Cor 2,14). É, para ele, uma loucura, e não é possível abrir-se a isso senão indo contra a corrente do que pensam habitualmente as pessoas e do que nós mesmos pensaríamos, abandonados apenas a nossos raciocínios.

O texto do Creio niceno-constatinopolitano (381) afirma esta verdade incrível, à qual não aderem nem os judeus, nem os mulçumanos (nem as testemunhas de Jeová, entre outros, o que não lhes permite dizerem-se cristãos...); Jesus, o homem nascido de Maria, é Deus. Ele é igual ao Pai. Nenhuma verdade é mais desconcertante, mais escandalosa do que esta para a razão humana. Nenhuma é mais extraordinária, mais fecunda, mais dinâmica, desde que recebida na fé.

E o Espírito Santo? É impressionante que nosso Creio não afirme diretamente sua divindade. Ele é apresentado como Deus porque é adorado, conjuntamente com o Pai e com o Filho... É adorado, pois é Deus. Santo Atanásio dirá, seguindo o mesmo princípio, que ele é Deus, visto que nos diviniza... Nada consegue mostrar até que ponto a verdade divina não brota de deduções brilhantes, como a ciência, mas se impõe no decurso de um encontro obscuro

---

[4] Nesta passagem do Evangelho de João não se trata das relações entre o Pai e o Filho, mas da condição humilhada de Jesus, no decorrer de sua Paixão, e da glorificação que ele receberá do Pai.

entre Deus e o ser humano, emerge como consequência de uma experiência inefável, de uma prática amorosa. É dentro da noite da fé que opera este Espírito, a fim de nos revelar, como Jesus prometeu, *toda a verdade* e difundir *a caridade em nosso coração* (cf. Rm 5,5). Assim é que ele nos diviniza.

A partir do momento em que o mistério de Deus começa a se esclarecer, os homens podem interessar-se pela Virgem Maria. Na realidade, desde o começo pressentiu-se em que medida seu mistério estava ligado ao de Jesus. As discussões apaixonadas sobre a natureza humana e divina de Cristo, no século V, serão ocasião para a proclamação do Concílio de Éfeso (431), onde Maria é declarada "Mãe de Deus", para a grande alegria do povo cristão. Frequentemente o povo sente a verdade em seu interior. Mas foram precisos muitos séculos para admitir que ela estava totalmente isenta de pecado, até mesmo do pecado original. Tal privilégio começou a ser celebrado no Oriente, por volta do século VIII, mas o Ocidente, mais marcado pelas discussões racionais, demorará mais para aceitar. Depois de dez séculos de lutas e confrontos, o Papa Pio IX arriscar-se-á a proclamar o dogma da Imaculada Conceição, no dia 8 de dezembro de 1854, apoiado, na verdade, por toda a Igreja e fortemente encorajado pelas aparições de Nossa Senhora das Graças a Catarina Labouré, na França, em 1830.

E José?

A Providência escolheu para ele, nos primeiros séculos do Cristianismo, a mais total obscuridade. Ou melhor, ela confundiu as pistas, por assim dizer... Em nosso linguajar moderno, chamaríamos de "operação de desinformação". Desinformar é fazer circular notícias falsas para provocar a desorientação. Destarte, o Protoevangelho de Tiago (um texto venerável, escrito com o intuito de edificar, mas em um estilo oposto àquele do Evangelho, tão sóbrio, tão respeitoso de suas fontes), inventa detalhes sobre Maria e José. José se apresenta como um ancião, tendo já sido casado e com filhos de outra esposa. Isso simplificava tudo: a virgindade de Maria estava em boas mãos – pelo menos assim se acreditava...! Explicavam-se, numa só tacada, os "irmãos de Jesus", tão desconcertantes para quem não conhece o jeito semítico de designar dessa forma os membros de um clã.

Essas imagens falsas vão percorrer toda a Idade Média e continuam a influenciar alguns lugares do Oriente, bem mais sensível do que nós, ocidentais, ao peso dos textos antigos. Essa é a origem da imagem que representa esse jovem judeu sob os traços de um ancião pensativo, no canto dos quadros, visivelmente arqueado por sua função e reduzido ao papel de "escada" para sua luminosa esposa.[5]

Felizmente, desde os primeiros séculos, uma reflexão se impôs: José e Maria eram verdadeiramente casados e aqui, menos do que em qualquer outra parte, não se pode separar o que Deus uniu. É o surgimento do homem e da mulher, este casal ao qual o Criador pede para formar uma única realidade, que o autor inspirado considera como *a imagem e a semelhança* de Deus. Aí está, de uma feita, a condição de toda vida humana sobre a terra e a verdadeira

---

[5] "[...] uma espécie de porteiro perfeito, cuja débil calvície relembra menos a auréola do que o boné grego" (Paul Claudel).

introdução à compreensão dos mistérios divinos: por essa razão, Jesus, para grande escândalo dos apóstolos, em Mateus 19, relembra que a união fiel e indissolúvel entre o homem e a mulher é o segredo inicial do que ele vem restaurar. A história das sociedades antigas e da Idade Média, tal como é reconstruída agora, mostra até que ponto essa exigência de Cristo parecia difícil. O Concílio de Trento e, depois, homens como São Francisco de Sales esboçam uma reflexão profunda, mas não é senão no século XX que a realidade do matrimônio, como mistério e como via de santidade, ganha novo realce.[6]

Essa evolução histórica impede conceder ao casal José e Maria a importância que findará por adquirir, quando Deus o quiser... mas a realidade de tal união se impõe. Santo Agostinho, observador tão exigente em matéria de pecado, descarta-lhe a ideia quando se trata da Mãe de Deus, e deve reconhecer que a virgindade de José é como uma condição da de sua esposa. Santo Ambrósio e São João Crisóstomo não separarão José de Maria em sua meditação sobre a santidade absolutamente excepcional dessa mulher que Deus escolheu para ser a Nova Eva.

Pode-se verdadeiramente evocar a santidade de uma sem pensar necessariamente na santidade do outro, seu companheiro inseparável, com o qual ela não formava senão uma só realidade? Assim são colocados, desde o alvorecer do Cristianismo, os princípios que o Papa Leão XIII

---

6 Existe a encíclica de Pio XI, *Casti Connubii* (1930), mas principalmente a contribuição de Dom Ghika, do Cônego Violet, do Cônego Caffarel e das Equipes de Notre-Dame, todo esse dinamismo que daí brotou, abençoado pelos papas.

desenvolverá na *Quamquam Pluries* (1889): José e Maria são casados, e a santidade de José une-se à de Maria.[7]

> E eis que, à soleira do Novo Testamento, como no limiar do Antigo, ergue-se um casal. Mas, enquanto o casal formado por Adão e Eva foi a fonte do mal que deflagrou no mundo, o casal José e Maria é o cume de onde a santidade se espalha sobre a terra.[8]

A Idade Média

Na primeira metade do século XII, encontramos o grande São Bernardo, um enamorado de Maria. Ao fazer uma reflexão diante de seus monges sobre a Anunciação, seu tema favorito, ele vislumbra São José e entrevê, através de sua própria experiência, as razões pelas quais ele queria despedir sua esposa grávida:

> José [...] julgando-se também (como o centurião diante de Jesus) indigno e pecador, dizia-se interiormente: "Ela é tão perfeita e tão grande, que não mereço que me conceda por mais tempo a partilha de sua intimidade; sua dignidade admirável me supera e me assusta". Ele se apercebia, com reverência religiosa, que ela trazia o sinal bem nítido de uma presença divina [...].

---

[7] A propósito deste tema, o Cônego Caffarel escreveu um belo livro que traduz bem o progresso feito pelo pensamento cristão, *Prends chez toi Marie ton épouse* (Edition du Feu nouveau, 1983).

[8] PAULO VI. Às Equipes de Notre-Dame, 4 de maio de 1970.

São Bernardo compreende que esse homem é o intendente de Deus e que, por essa mesma razão, supera o antigo José, que não passava de um intendente do faraó, longínqua imagem, malgrado sua grandeza, do Chefe da Sagrada Família. José pode ver com seus próprios olhos, segurar em seus braços e cobrir de beijos aquele que *tantos reis e profetas desejaram ver e não viram jamais.*

O que São Bernardo compreende menos bem é justamente o alcance exato do matrimônio de José e Maria e, consequentemente, da paternidade de José em relação a Jesus que daí decorre (José torna-se o pai de Jesus porque ele é o esposo de Maria). Segundo o doutor da Igreja,

> ele [José] não foi nem esposo da Mãe nem pai do Filho; contudo, um plano indubitável e necessário lhe impôs usar, por determinado tempo, este duplo título de esposo e de pai, e de exercer tais papéis.[9]

Esse parecer é interessante e mostra, melhor que qualquer outra coisa, como o mistério de José permanece oculto "por um plano indubitável e necessário [...]", para retomar as próprias palavras de São Bernardo.

Alguns anos mais tarde, São Francisco de Assis, cuja alma apaixonada deseja seguir todos os vestígios de Jesus, reencontra instintivamente os gestos de José, ao ansiar reviver, já no fim de sua vida, a pobreza radiante da Natividade, durante a Noite de Greccio, no Natal de 1223. Os pobres, como ele, sentem-se em casa no mundo de José.

---

[9] Segunda homilia *super Missus est*. In: *Saint Bernard et Notre Dame.* D.D.B., 1953. p. 107-108.

Seu jovem discípulo, o português Antônio de Pádua, o mais popular de todos os santos, será representado com o Menino Jesus nos braços, como o primeiro ícone vivo do jovem José, sem que não se tenha pensado nisso. Nenhum santo foi reconhecido tão rapidamente: em razão de seus inúmeros milagres, ele foi declarado santo no ano seguinte ao da sua morte.

Existe aí um tipo de experiência popular e profunda do mistério da Sagrada Família, que se encontrará de novo no pensamento de São Boaventura (para quem, no entanto, José permanece, ainda, "um santo ancião!") e, acima de tudo, na piedade ativa. Os primeiros ofícios litúrgicos em honra de nosso santo nascerão entre os franciscanos. É um papa franciscano, Sisto IV, que introduz São José no breviário e fixa, na Igreja, sua primeira festa litúrgica por ato de 19 de novembro de 1480. A primeira capela erigida em sua honra é, sem dúvida, a que os franciscanos ergueram em Toulouse, em 1222. Na mesma linha, os grandes promotores de sua causa, por assim dizer, serão, inicialmente, os franciscanos, como São Bernardino de Sena, na Itália, e o cardeal Cisneros, na Espanha, no momento em que nascia Santa Teresa d'Ávila.[10]

Incontestavelmente, através de todo tipo de testemunhas e de sinais, um novo interesse se manifesta por esse homem discreto, tão profundamente escondido, que o Pai escolheu para grandes coisas. Uma testemunha privilegiada é, sem dúvida, Ubertino de Casale, um italiano do

---

[10] Os que se interessarem por detalhes desta história deveriam volver-se aos *Cahiers de Joséphologie*, Centro de Documentação de Montreal, instrumento de trabalho insubstituível.

final do século XIII, que fora, outrora, beneditino. Exilado em 1305 para o monte Alverne, onde oitenta anos antes São Francisco recebera os estigmas, medita os mistérios de Jesus e encontra José. Em sua obra *Arbor vitae crucifixae* ["Árvore da vida crucificada"], expressa o que deveria tornar-se a intuição básica do pensamento cristão: Maria é perfeitamente santificada por Jesus, e José é perfeitamente santificado por intermédio de Maria...

> Em todo matrimônio, a união dos corações se estabelece a tal ponto que o esposo e a esposa são reconhecidos como uma só pessoa (*sic*, dir-se-ia melhor, com a Bíblia, uma só carne, uma só realidade em duas pessoas). De igual modo, José não pode deixar de assemelhar-se à Virgem, sua esposa. Como, então, um espírito clarividente poderia pensar que o Espírito Santo teria unido assim tão intimamente à alma de uma virgem como Maria outra alma se esta não tivesse tido com ela uma grande semelhança pela prática das virtudes? Eu tenho por certo que este São José foi, portanto, o homem mais puro em virgindade, o mais profundo em humildade, o mais elevado em contemplação.[11]

Segue-se uma extraordinária meditação que será retomada, exatamente nos mesmos termos, por São Francisco de Sales, como se ele a tivesse copiado, a respeito de Jesus nos braços de José, vivendo nele o amor do Pai:

> Oh! Que doces beijos recebeu dele! Oh! Com que doçura ele ouvia o pequenino chamá-lo de pai, e com que suavidade ele se sentia suavemente abraçado por ele. É

---

[11] *Cahiers de Joséphologie* v. 2 (juil. 1953), p. 186-187.

que um amor sem reservas e transformador conduzia-o até ele, como a um filho gentilíssimo que o Espírito Santo lhe havia dado através da Virgem, sua esposa [...].

Sim, para Ubertino de Casale, José é o resultado "da feliz conclusão da antiga Lei".

A seguir, virão as novas descobertas do século XV e, sobretudo, do século XVI.

NASCE O DIA

A grande comoção

Sob a tríplice influência de personalidades importantes, da piedade popular e de determinados acontecimentos, eis que o nome de José sai da sombra, como uma primavera que explode, no começo do século XV. É espetacular!

É, principalmente, a época da pregação popular no estilo de Bernardino de Sena. Durante vinte e cinco anos esse franciscano percorreu toda a Itália pregando com grande talento: seu sucesso foi prodigioso. Seu amor pelo Senhor e pelo nome de Jesus levou-o a compreender a importância da Virgem e de São José, sobre quem ele refletia muito profundamente, na mesma linha de Ubertino de Casale. Morreu em 1444 (e foi canonizado em 1450, a tal ponto sua santidade estava consolidada!). Ele não duvidava, de modo particular, que José estivesse no céu em corpo e alma, pois seu papel durante a Encarnação era tão importante que ele devia, necessariamente, desabrochar, num registro eterno, tanto no céu quanto na terra.

Outro italiano, dominicano desta feita, Isidoro Isolani (falecido em 1528), merece ser chamado "o profeta de José", na Itália do Norte, onde exerceu seu apostolado. Ele dedicou ao Papa Adriano IV seu livro mais importante, *Somme des dons de Saint Joseph* [Sinopse dos dons de São José] (1522), que faz de seu autor, juntamente com seu contemporâneo francês Jean Gerson, o grande especialista daquilo a que mais tarde se chamará "Joseologia". Numa visão grandiosa, digna dos profetas de Israel, ele vê despontar o dia em que a Igreja descobrirá, por fim, os tesouros que Deus ocultou em José, "mediante a luz que os santos anjos darão" (apontamento precioso!) e "a grande alegria que, no futuro, proporcionará à Igreja militante o conhecimento seguro da santidade do divino José".[12]

Uma das mais surpreendentes testemunhas dessa época é Jean Gerson, grande personagem, chanceler da Universidade [de Paris], o que lhe propiciou ser enviado ao Concílio de Constância como representante do rei da França. Ele exercerá um papel importante: os tempos eram difíceis. A comunidade cristã estava dividida entre três papas, um em Roma, outro em Avignon e o terceiro, particularmente intrigante, em Pisa. O Concílio vai obter a abdicação deles e permitir o restabelecimento completo da situação. Nessas condições, Jean Gerson pronuncia, no dia 8 de setembro de 1416, um memorável discurso sobre a Natividade de Maria. O tema é um pretexto, no fundo, para falar de José, por quem ele devota um grande amor, uma profunda

---

[12] Citados por: DOM VILLEPLET. *Les plus beaux textes sur saint Joseph.* La Colombe, 1959.

veneração. Ele compreendera a importância do casamento de José e de Maria e desejava que a liturgia o honrasse por meio de uma festa especial no reino da França. Ele suplica ao duque de Berry que interceda nesse sentido junto às autoridades competentes: o texto litúrgico estava pronto! Seu discurso, no Concílio, exalta a santidade de José como concomitante à de Maria. Louvar as grandezas de um é exaltar o outro.

Para ele, como para os outros autores dessa época, José é um homem ativo, de uma pureza perfeita, de uma santidade eminente e, como João Batista, certamente santificado no seio de sua mãe. Ele está convencido de sua presença espiritual no céu. "No que diz respeito a seu corpo", acrescenta ele, "não sei...".

Esse homem, que ocupava seu tempo livre em escrever versos latinos sobre José, morreu no momento exato em que Joana d'Arc começava a se destacar, e chegou a ser consultado a respeito dela! Dois séculos mais tarde, outro filho de São José, São Francisco de Sales, dirá a seu respeito que era "extremamente douto, criterioso, devoto". Certo espírito de família fazia com que eles se compreendessem.

Tudo estava pronto para a chegada da primeira "filha de São José" da história da Igreja: Teresa d'Ávila.

O reconhecimento de José

Com Santa Teresa produz-se uma experiência que devemos avaliar apropriadamente. Ela nasceu em 1515 e uniu-se a seu bem-amado Jesus no dia 4 de outubro de 1582, dia da Festa de São Francisco de Assis, a quem particularmente amava. "É chegado o tempo de nos encontrarmos!", diz ela no momento de sua morte.

Voltaremos ao sentido profundo da contribuição de Santa Teresa d'Ávila. Por enquanto, contentemo-nos em situá-la no trajeto que estamos percorrendo a grandes passos. Em relação a Jesus, centro absoluto de sua vida – e, portanto, em relação a tudo que forma uma unidade com ele, José e Maria –, Teresa d'Ávila vai exercer o papel da manjedoura de Belém. Ela vai conceder-lhes um abrigo novo. Eles vão, por assim dizer, apoiar-se nela e em suas fundações, de maneira nova. O fogo tão desejado por Jesus, esse fogo que tão impacientemente ele espera ver inflamar-se sobre a terra (Lc 12,49), o fogo do amor divino, vai arder nela de maneira original. Ninguém falará melhor do que ela das etapas da oração e de seu ápice: o matrimônio espiritual.

Deus vai-lhe conceder luzes completamente novas sobre São José. Ela viverá um tipo de relação vital com ele, que não pode deixar de impressionar, por sua força, sua convicção, sua eficácia. Uma coisa é ter entrevisto, como as personagens das quais acabamos de falar, algo do eminente papel de São José; outra coisa é tomá-lo por pai, conferindo a esta expressão todo o seu peso.

Teresa de Ahumada era de ascendência judaica. Perdera sua jovem mãe e tinha grande afeição por seu pai, um homem excepcional. Ademais, era inteligente, positiva, de caráter apaixonado, visivelmente escolhida por Deus para grandes coisas.

Ela viveu progressivamente um fenômeno conhecido, a que os psicólogos chamam de transferência: ela transferiu para José o amor que havia experimentado em profundidade por Dom Alonso, pai amável, presente, que Deus lhe havia dado.

Num impulso que muito lhe custa, ela o deixa e entra no Carmelo aos 21 anos. Rapidamente, por inabilidade, excesso de austeridade e, acima de tudo, falta de uma direção espiritual equilibrada, cai gravemente enferma. A curandeira consultada a deixa à beira do túmulo: aos 23 anos foi dada como morta. Colocou-se cera sobre seus olhos, seus funerais foram preparados... Somente seu pai, como um tolo, repetia: "Não! Minha filha não está pronta para o caixão!". Por piedade de seu desespero, aguarda-se algum tempo. No terceiro dia, ela faz um sinal imperceptível. Estava viva. Ela precisará de três anos para se recuperar do terrível choque, até o dia abençoado em que pôde, enfim, "caminhar de quatro", "de gatinhas". Foi José, afirma ela, quem a salvou.

Desde então, ele assume um lugar proeminente: ela lhe confia toda a sua vida.

> Vi bem claramente que foi ele, meu pai e protetor, que me curou desta enfermidade, como me livrou igualmente de perigos muito grandes, quando se tratava de minha honra e da saúde de minha alma. Sua assistência proporcionou-me bens maiores do que os que eu lhe pudesse pedir.[13]

---

[13] É preciso ler e meditar este capítulo 6 da *Vida*. Ela é, por assim dizer, transportada por seu tema. Ela receia falar demais sobre ele!

Segue-se, no relato autobiográfico, um surpreendente trecho de prosa, que brota diretamente de seu coração, no qual ela fala de "seu pai" como ninguém antes fizera.

Sem dúvida, o aspecto mais admirável é que ela considera São José como seu mestre de oração! "Aquele que não tem um mestre na oração assuma este glorioso santo como guia, e não correrá o risco de extraviar-se." Teresa, mestra de oração da Igreja, doutora na matéria, compreendeu claramente uma verdade que a Igreja não cessa de aprender: para Maria e para o próprio Jesus, José foi a passagem rumo ao Pai misteriosamente estabelecida por Deus. José foi o mestre de oração da Rainha dos Anjos e do Filho do Homem.

Eis por que, aos 40 anos, depois de todo um périplo e um verdadeiro retorno para Deus, é justamente a São José que ela confia a nova casa de oração que o Senhor a leva a fundar, essa pequena Sagrada Família, São José d'Ávila, o primeiro Carmelo da Reforma. A Ordem da Virgem Maria torna-se, ao mesmo tempo, a Ordem de São José, e Maria alegra-se profundamente com essa evolução.[14]

Depois de Santa Teresa d'Ávila, mas em sua trilha, reconhecida e escolhida, a via está traçada: São Francisco de Sales, João Tiago Olier, fundador da Companhia dos Padres de São Sulpício e dos primeiros seminários, todo o século XVII, enfim, poderá estabelecer uma extraordinária intimidade com o Intendente do Pai. Essa intimidade encontrará sua expressão em homens importantes: é preciso

---

[14] "Parecia-me que Nossa Senhora me tomava pela mão. Ela me dizia que eu lhe proporcionava muita alegria por minha devoção ao glorioso São José": *Vida*, cap. 33.

escutá-los. Nada mais profundo do que os escritos de Padre Olier; nada mais grandioso do que os dois panegíricos de Bossuet, em 1656 e 1661.[15]

O Canadá, de onde acabam de partir os primeiros missionários, vai tornar-se, desde o dia 19 de março de 1624, a terra de São José, e assim permanecerá. Um texto antigo (1637) diz, vigorosamente:

> No dia da festa, nossa igreja ficou repleta de pessoas de devoção, quase como em um dia de Páscoa, cada um a bendizer a Deus por nos ter dado por protetor o anjo guardião e protetor (por assim dizer) de Jesus Cristo, seu Filho. A meu ver, é por seu favor e por seus méritos que os habitantes da Nova França, que vivem às margens do grande rio São Lourenço, decidiram receber todos os bons costumes da Antiga, e recusar a entrada dos maus.

José deixando entrar o que convém, descartando o que não convém... foi o que ele fez em Nazaré, de fato. Agiu como um filtro!

---

[15] Um volume muito importante dos *Cahiers de Joséphologie* é consagrado a São José no século XVII. Outro tomo ainda mais importante apareceu em 1987, o tomo 35. É dedicado à presença de José no século XVII, objeto do encontro internacional de Kalisz, na Polônia, em 1985. Esse notável trabalho mostra, de maneira surpreendente, a importância de São José na Europa e na América do século XVII, em grande parte sob a influência do Carmelo.

PIO IX OU A DISCRETA APOTEOSE

O século XVIII

Sem estardalhaço, mas de verdade, o século XVIII continua a meditar as grandezas de São José tão bem percebidas pelo século XVII, com uma profundidade que nos emociona quando nos atinge. Um célebre pregador franciscano, canonizado em 1869 por Pio IX, São Leonardo de Porto Maurício (falecido em 1751), exerceu seu ministério na Itália e se destacou por uma vigorosa ação contra o Jansenismo, esta terrível deformação da fé cristã. São José é seu grande inspirador: ele o propõe a todas as pessoas de todas as classes sociais. "Todos os cristãos pertencem a José, porque Jesus e Maria lhe pertenceram."

Ele acrescenta:

> Alegrai-vos, piedosos servidores de São José, pois o paraíso está perto de vós; a escada que para lá conduz possui apenas três degraus: Jesus, Maria, José. Eis como se sobe e se desce esta escada: ao subir, vossas súplicas são inicialmente colocadas entre as mãos de São José; José entrega-as a Maria e Maria as dá a Jesus. Ao descer, os mandatos emanam de Jesus; Jesus concede-os a Maria e Maria remete-os a José. Jesus tudo faz por Maria, pois ele é seu filho; Maria obtém tudo em sua qualidade de mãe, e José tudo pode em sua condição de justo, de esposo e de pai.[16]

---

[16] PORTO MAURÍCIO, Leonardo de. *Sermons*. Casterman, 1858. t. II, ser. XVIII, p. 24.

Sob uma aparência graciosa, existe grande sabedoria. Conservemos a intuição que concede a José o papel da *pequena porta* de que Jesus fala no Evangelho, ao especificar que não é fácil encontrá-la. José é aquele que deve decidir partir, em meio à noite, para um destino longínquo. Ele teve de aceitar a vocação singular de sua esposa e, mais admiravelmente ainda, a educação do Filho de Deus. É o homem da hesitação, dos tremores, dos primeiros passos em geral tão difíceis de serem dados, até mesmo para pequenas coisas. É o homem da morte em pessoa.

O outro notável admirador de José, nesse século, é Santo Afonso de Ligório (falecido em 1787), fundador dos Redentoristas. Ele medita sobre uma noção importante: o crescimento do amor no coração de José – amor por Maria, amor por Jesus. Temos visões demasiado estáticas porque excessivamente intelectuais: o amor, na Sagrada Família, foi como uma descoberta constante, uma aventura. Quando os textos nos falam de *crescimento* (e sabemos que é justamente o sentido do nome de *José*, "o que faz crescer"), o que poderíamos pensar ser mais digno de crescimento do que o amor?

> Entre os homens, à força de viverem juntos, normalmente acabam por não ter mais, uns para com os outros, senão um amor extremamente medíocre, porque, à medida que as relações perduram, descobrem-se os defeitos mútuos. São José, ao contrário, ao continuar a viver com Jesus, admirava cada vez mais sua santidade. A partir daí, compreendemos que tipo de amor chegou a sentir por ele, sendo que essa vida de inefável intimidade não durou, de acordo com o senso comum, menos de vinte e cinco anos.

Grande São José, alegro-me que Deus vos tenha considerado digno de ocupar esse lugar eminente onde, estabelecido como o pai de Jesus, vistes submeter-se à vossa autoridade aquele cujas ordens o céu e a terra executam. Dado que um Deus quis obedecer-vos, eu desejo colocar-me a vosso serviço, honrar-vos e amar-vos como meu Senhor e Mestre.[17]

Esse texto levanta uma questão essencial: acaso se trata de um piedoso exagero, a que estão acostumados os "místicos" (no sentido pejorativo que esta palavra frequentemente tem), o que tornaria esse texto insignificante? Ou, ao contrário, se trata de uma afirmação essencial de um doutor da Igreja, o grande doutor do século XVIII, que recolheu a admirável herança do século XVII e começou a colocar os verdadeiros problemas? Em outras palavras: Santo Afonso compreenderia, "conheceria" uma verdade da qual a Igreja se alegra ainda inconscientemente, à moda das criancinhas: o papel de São José em nossa *entrada no Reino*, em nosso *nascimento do Espírito* (cf. Jo 3,5-6).

Esta questão está ligada a outra, que é o eixo fundamental de nossa meditação: se é verdade que a santidade de José, tal como a de Maria, provém do Sangue de Cristo, *o único mediador entre Deus e os homens* (cf. 1Tm 2,5), pode-se pensar que a Imaculada teve, em Cristo, uma influência direta sobre a santificação de seu esposo. Como é que o próprio Jesus, na condição de homem, recebeu do Pai, de quem *desce todo dom* (cf. Tg 1,17), tudo o que

---

[17] *Une année de méditations.* Por Santo Afonso de Ligório. Avon, 1887. p. 581.

constituía sua vida, uma vez que era submisso a Maria e, sobretudo, a José? A resposta a essa questão não é teórica: quanto mais nos unimos a Cristo, mais unidos estaremos a ele, mais nos unimos à sua profunda experiência.

Ninguém meditou mais admiravelmente tais verdades do que o escritor francês Ernest Hello, cem anos depois de Santo Afonso:

> Ele [José] ordenou. A mãe e a criança obedeceram. Parece-me que o mandamento deve ter despertado em São José pensamentos prodigiosos. Parece-me que o nome de Jesus devia ter, para ele, segredos admiráveis. Parece-me que sua humildade devia assumir, quando ele ordenava, proporções gigantescas, incomensuráveis com os sentimentos conhecidos. Sua humildade devia encontrar seu silêncio em seu espaço, em seu abismo. Seu silêncio e sua humildade deviam crescer apoiados um sobre o outro.[18]

Sim, a santidade de José vem de Jesus, a de Jesus passa por José. Como assim? O Senhor o fará compreender, se ele o quiser. O pontificado de Pio IX oferece um começo de resposta a essa questão.

Os primeiros passos oficiais

Coube a Pio IX começar oficialmente a promover São José ou, mais exatamente, a levantar um pouco o véu que encobre a realidade, pois a Igreja não forja suas definições, ela tenta exprimir o que Deus lhe revela.

---

[18] HELLO, E. *Physionomie de saints*. Palmé, 1875. São José.

O coração de Pio IX estava voltado para José: jovem padre, ele havia pregado em sua homenagem na Igreja de Santo Inácio de Roma, em 1823, uma novena e um valioso panegírico, que ainda possuímos.[19] Mal chegou à sede pontifical, ele se apressou a estender a toda a Igreja, no dia 10 de setembro de 1847, uma festa em honra do Patronato de São José, que nascera em 1680 nos meios carmelitanos espanhóis e italianos. O imperador da Áustria já havia pedido, em vão, esse reconhecimento, em 1684. Pio IX ia fazer mais: ia tirar proveito de um movimento forte, apoiado por numerosas petições, para proclamar oficialmente o Patronato de São José sobre a Igreja Universal, no dia 8 de dezembro de 1870, dentro da moldura grandiosa do Concílio Vaticano. Assim, exatamente dezesseis anos depois de sua esposa, cuja Imaculada Conceição fora reconhecida no dia 8 de dezembro de 1854, José recebia a primeira consagração oficial da Igreja.

Nada era mais conveniente ao coração do Soberano Pontífice, mas não se tratava de *motu proprio*, de sua própria iniciativa somente. Um considerável movimento apoiava a operação. Iniciado em 1815, sob Pio VII, desejava obter a menção de José no *cânone da missa* e nas outras orações oficiais da Igreja, como o *Confiteor*. Desejava-se que ele fosse citado antes de São João Batista nas ladainhas dos santos. O Povo de Deus pressionava, empurrava rumo a uma direção exata.

---

[19] *Estudios Josefinos*, p. 27 (1973), p. 3-39, p. 170-197. Cf. T. STRAMARE e sua obra bem documentada *San Giuseppe nella Sacra Scrittura, nella teologia e nel culto* (Roma: Piemme, 1983).

Os primeiros frutos

Os primeiros frutos de tal fervor não se fazem esperar: é admirável ver nascer no século XIX todo tipo de fraternidades, confrarias, congregações, devoções, assembleias episcopais regionais consagradas a São José.

Essas assembleias, em particular, são testemunho de um verdadeiro culto espiritual, pois não é possível que um puro acaso tenha presidido à organização desse tipo de encontros, a partir de 1858, o ano das aparições de Lourdes, na Áustria, Tchecoslováquia, Hungria, Colômbia, América, França.

Consideremos a assembleia de Bordeaux, de 1868:[20] surge entre os participantes uma clara consciência de entrar nesse processo histórico de desvelamento, no cerne do que nós estudamos:

> Por uma secreta e sábia disposição da Providência, este bem-aventurado Esposo da Virgem Maria, guardião e protetor do Verbo Encarnado, ao longo dos séculos permaneceu oculto aos olhos dos homens, sem culto e sem honras. Mas, no tempo oportuno, Deus suscitou arautos ilustres para proclamar as grandezas do Santo Patriarca e propagar seu culto.

Seguem-se alguns nomes, depois vem Pio IX. Com a sua chegada por fim explodem, em toda parte, "os testemunhos da mais terna e ardente devoção".

---

[20] *Acta conciliorum.* Collectio Lacensis, t. VI, col. 847.

Por outro lado, os autores consideram que José tem um papel importante a representar na Igreja, sobretudo para "serenar os ódios e as revoltas, dar-nos a verdadeira paz".

Ademais, ele deve "alegrar e alimentar de dons celestes a Igreja, o Corpo Místico de Jesus Cristo, velar sobre ela e defendê-la". Ele faz, então, o que fez no tempo de Jesus Cristo, realiza a mesma tarefa, visto que ele foi "elevado", explicita o Concílio, "por seu ministério, à ordem da união hipostática" (ou seja: como dizia Francisco Suarez, no século XVI, ele pertence ao Mistério da Encarnação).

O texto termina com uma vibrante exortação aos sacerdotes para que promovam seu culto, bem como com uma bela oração. O conjunto é singularmente tocante. Uma inspiração muito necessária para os dias de hoje.

Um olhar sobre as congregações que se reportam a São José é igualmente eloquente: as fundadoras, muitas vezes, são mulheres de primeira grandeza, com qualidades sólidas que lembram Santa Teresa d'Ávila, como Emilie de Vialar – cuja congregação agradava particularmente a Deus, no dizer do Cura d'Ars –, Emilie de Rodat, Anne-Marie Javouhey – de quem o rei Luís Filipe dizia: "Madre Javouhey, é um grande homem!". As congregações delas brilham no mundo inteiro.

Há também os fundadores, como Pierre-Bienvenu Noailles e sua Associação da Sagrada Família de Bordeaux, um homem de paz, de coragem, de flexibilidade. Escrevia a suas filhas:

> [...] tanto quanto simples criaturas possam aproximar-se de modelos tão perfeitos, sede meigas e misericordiosas,

obedientes como Jesus; sede humildes, modestas e puras como Maria; sede pobres, laboriosas e fiéis como São José: crianças dignas da Sagrada Família, não tenhais com ela senão um mesmo espírito, um mesmo coração [...].[21]

Sem entrar em pormenores, não é possível deixar de ver um traço comum em todas essas fundações: a feliz conjunção entre o senso do detalhe concreto e uma grande união com Deus. As pequenas Irmãs dos Pobres de Jeanne Jugan são um exemplo apropriado desse matrimônio bem-sucedido entre "o ínfimo e o sublime", de que Charles Péguy falará melhor do que ninguém, que é uma espécie de marca do mundo de São José.

Tristissimi tempi...

Em seu decreto *urbi et orbi*, de 8 de dezembro de 1870, que proclama oficialmente São José Patrono da Igreja Universal, Pio IX alude "aos tempos tão tristes" que a Igreja atravessa, o que justifica ainda mais o recurso a tal protetor. Três meses antes, as tropas piemontesas que lutavam pela unificação da Itália haviam invadido os Estados Pontifícios. O papa era prisioneiro no Vaticano. Todo um mundo desmoronava definitivamente. São José era convidado pelos próprios acontecimentos a desempenhar seu papel

---

[21] Prefácio da *Regra* de 1851. Cf. FLANAGAN. *Sur ses pas.* Apost. des éditions, 1981. p. 91. No século XIX, contam-se até 61 congregações que se reportam a São José! Conhecemos, acima de tudo, as Irmãs de São José de Cluny, de Bourg, da Aparição, de Bordeaux, de Tarbes, de Veneza...

de "Patrono da Boa Morte", isto é, de especialista indispensável nas passagens penosas da vida humana.

Na verdade, tal episódio vinha acrescentar-se a uma longa série de conflitos: ainda no início de seu pontificado, em 1849, Pio IX teve de exilar-se em Gaeta, na região do Lazio, então Reino de Nápoles, por causa das revoltas que queriam estabelecer a República Romana. O liberalismo anticlerical, a franco-maçonaria, as divisões entre os católicos em diversos países, sobretudo na França, a efervescência política extremamente forte por toda parte, o despertar dos nacionalismos, tudo contribuía para tornar os tempos muitos difíceis para o Soberano Pontífice, que reagiu com a bula *Quanta Cura* e o *Syllabus*, condenando as proposições que contrariavam a visão católica na época (1864).

Ao mesmo tempo, jamais o papado se mostrara tão exaltado, tão influente: "O papado não é mais uma tese teológica", diz o Cônego Jarry, "mas sim um chefe ternamente amado". Quanto mais o chefe da Igreja é colocado à prova, mais cresce sua devoção a São José, protetor insubstituível do Corpo de Cristo. Além disso, em um só movimento, o fervor popular confere ao Vigário de Cristo uma importância que ele jamais tivera na história. O reconhecimento da infalibilidade se tornará a marca histórica dessa promoção da função papal.

Devolvamos a palavra a E. Hello, esse escritor hoje esquecido, mas que seus contemporâneos atentos, como o Cura d'Ars, consideravam como um espírito superior:

> O século XIX fala, chora, grita, vangloria-se, desespera-se, tudo ostenta; ele, que detesta a confissão secreta,

explode a todo instante em confissões públicas. Ele vocifera, exagera, ruge. Pois bem! Será este século, este século do barulho que verá elevar-se ao céu da Igreja a glória de São José. São José acaba de ser escolhido oficialmente Patrono da Igreja em meio ao barulho da tempestade. Torna-se mais conhecido, mais requisitado, mais venerado do que nunca. Em meio a trovões e raios, a revelação de seu silêncio se mostra insensivelmente.[22]

É preciso reconhecer (e o veremos de outra maneira ao estudarmos Bernadete Soubirous): o pontificado de Pio IX de certa forma é acompanhado invisivelmente pela presença crescente de São José. Não admira que o Soberano Pontífice afirmasse, no dia 2 de fevereiro de 1878, durante sua última audiência, cinco dias antes de sua morte, a um religioso que se maravilhava de sua serenidade: "Ah! Isto se deve ao fato de que hoje São José é mais conhecido. Tenho certeza. Se não eu, meu sucessor assistirá ao triunfo desta Igreja de quem o constituí oficialmente patrono".[23] Os contemporâneos argutos, como Dom Pio, bispo de Poitiers, meditam sobre o desenvolvimento, na época, do ainda tão recente culto a São José:

> O culto a São José era um desses dons que o pai de família, como um econômo prudente, propôs-se tirar mais tardiamente de seu tesouro; era uma dessas reservas e, se podemos dizer, uma dessas surpresas que o supremo organizador do festim das almas havia preparado para o final do banquete [...].[24]

---

[22] HELLO, *Physionomie de saints*, p. 139.

[23] RICARD, A. *Saint Joseph, sa vie et son culte*. Lille, 1892. p. 327.

[24] *Oeuvres*. Do bispo de Poitiers. Paris, 1886. t. VII, p. 117.

Prepara-se uma sucessão

Apenas alguns meses antes da chegada de Pio IX, nasce no Canadá, terra tradicional de José, em uma família muito modesta, Alfred Bessette, escolhido pela Providência Divina para orquestrar magnificamente os esforços de Pio IX. O grande pontífice e o humilde irmão trabalhavam exatamente na mesma obra e ao mesmo tempo que uma não menos sóbria lourdense, contemporânea do pequeno canadense. Bernadete e Alfred – que se tornará o célebre Irmão André – tinham a mesma altura (1,40m), praticamente a mesma idade, com alguns meses de diferença, a mesma saúde precária, a mesma pobreza, a mesma ausência total de meios humanos..., mesmo triunfo não menos total na surpreendente missão! Bernadete será o ponto de partida de um dos maiores santuários do mundo em honra de Maria: Santuário de Lourdes (França); André, do Oratório São José de Monte Real (Canadá), a maior basílica católica dedicada a São José.

Um de cada lado do oceano, seus destinos cruzam-se no mesmo mês de agosto de 1872. Na ocasião, o pobre Irmão, tão inútil e desprezado, acaba por ser admitido na Congregação dos Padres da Santa Cruz, dedicada a São José, enquanto a pequena lourdense, tendo-se feita Irmã de Nevers, descobre em São José o pai que vai substituir seu querido Francisco Soubirous, falecido no ano anterior, três meses após o dia 8 de dezembro de 1870.

No dia 19 de novembro de 1954, o Cardeal Léger evocava os desdobramentos inesperados da história de Irmão André e de seu Oratório. Bernadete havia solicitado, da parte da Senhora, uma capela ("mesmo que seja bem pequenina...", acrescentara de sua própria lavra, em sua emoção); da mesma forma, o Irmão André sentia-se impulsionado a tentar uma minúscula construção em honra de São José, em 1904. A vida desse homem de Deus, os milagres e a vontade divina fizeram com que, cinquenta anos mais tarde, um templo gigantesco assumisse o lugar. Irmão André morre no dia da Epifania, em 1937 (uma quarta-feira) e seu processo de beatificação começou quase imediatamente. Sob perspectiva meramente humana, "esta obra teria parecido um absurdo [...]", diz o cardeal,

> [...] mas querida por Deus, edificada por ele, conduzida por ele, tornar-se-ia possível. O que era considerado loucura pelos homens, Deus realizou neste lugar, e quão maravilhosamente! *Se o SENHOR não construir a casa, é inútil o cansaço dos pedreiros* (Sl 127,1). É Deus, poder-se-ia dizer, Deus somente que situou este santuário sobre a montanha; é Deus quem o faz crescer e é ele quem o levará a termo. Não há pedra neste edifício que não testemunhe que ela só está aí porque Deus o quis. Vendo este admirável espetáculo é que se compreende como Jesus podia responder aos fariseus que protestavam contra as aclamações lançadas pela multidão: *Se eles se calarem, as pedras gritarão* (Lc 19,40). Aqui, as multidões não estão caladas, mas as próprias pedras unem-se a elas para cantar a glória de Deus e sua bondade, proclamando, ao mesmo tempo, as grandezas de São José.[25]

---

[25] Cf. DOM VILLEPELET, *Les plus beaux textes sur Saint Joseph*, p. 243.

Quando da morte de Irmão André, no dia 6 de janeiro de 1937, cerca de um milhão de pessoas acudiram ao Oratório São José de Monte Real para prestar-lhe uma última homenagem, apesar do frio e da neve. Os serviços de transporte de Montreal entraram literalmente em colapso. Os peregrinos afluíam do Canadá, da América do Norte e, dia e noite, aquela multidão comprimia-se à porta do santuário. Era preciso esperar horas para conseguir chegar ao pequeno caixão de madeira e lançar um derradeiro olhar sobre aquele homenzinho que havia ajudado, encorajado, curado milhares de seus irmãos ao longo de sua tão longa existência.

A revelação da glória de São José

Eis como um dominicano italiano, Isidoro Isolani, no início do século XVI, no momento exato em que nascia Santa Teresa d'Ávila, anunciava a revelação da verdade sobre o mistério de São José:

O Senhor, a fim de honrar seu nome, quis colocar São José como chefe e patrono à frente da Igreja militante. Antes do dia do julgamento que virá, todos os povos conhecerão, venerarão e adorarão o nome do Senhor, e os dons magníficos que Deus quis conceder a São José, dons que ele quis deixar quase ocultos durante muito tempo. Naquele momento, então, o nome de José ficará pleno de todos os bens da terra. Construir-se-ão templos em sua honra. Os povos celebrarão sua festa e lhe farão promessas. Pois o Senhor abrirá os ouvidos da inteligência deles, e grandes homens escrutarão os dons interiores de Deus, ocultos em São José, e encontrarão um tesouro precioso, do tipo que não se encontra igual em nenhum patriarca do Antigo Testamento. É o que acontecerá, sobretudo, por meio das luzes que os santos anjos enviarão. Do alto do céu, São José fornecerá graças ao povo que o invocará e ele mesmo, incessantemente rodeado pela majestade de sua glória, nada emprestará de algum mortal.

O nome de São José será colocado com honra no calendário dos santos e ele não mais será o último, mas o primeiro, pois se fará para ele uma festa importante e venerada. O Vigário de Jesus Cristo sobre a terra, seguindo o impulso do Espírito Santo, ordenará que a festa do pai putativo de Cristo, do esposo da rainha do mundo, de um homem tão santo, seja celebrada em toda a extensão da Igreja peregrina. E assim, aquele que no céu sempre esteve acima não estará abaixo na terra (*Summa de donis sancti Joseph*, 1522).

O autor ainda acrescenta que todas essas descobertas serão fonte de grande alegria para a Igreja...

2. AS GRANDES INTUIÇÕES

UM SÉCULO SURPREENDENTE

O desenvolvimento de uma ideia coerente sobre São José e a revelação de sua importância tomaram novo rumo com a chegada de Pio IX, como acabamos de ver. Mas tudo o que jamais pudermos afirmar, um dia, com admiração, a seu respeito, o século XVII já o terá entrevisto. Para ser ainda mais exato, o Espírito Santo trabalhou nesse sentido de maneira singular, ainda que não evidente, como sempre, entre 1560 e 1660.

O ano de 1560 é quando Teresa d'Ávila, aos 45 anos, sente profundamente o desejo de reforma do Carmelo, que vai resultar, dois anos mais tarde, na criação de São José d'Ávila.

Em 7 de junho de 1660, dá-se a reunião entre Espanha e França, quando a jovem infante [Maria Teresa de Espanha] atravessa o rio Bidassoa de braços dados com o pretendente real [Luís XIV] que ela desposará dois dias mais tarde em Saint-Jean-de-Luz. Essa jovem rainha interpretará um papel direto na consagração da França a São José, no dia 19 de março de 1661, dia de alegria em todo o reino, marcado pelo segundo panegírico de Bossuet, verdadeiro monumento à glória de nosso santo.

No mesmo dia 7 de junho de 1660, São José apareceria sobre as encostas do monte Bessillon, na Provença, a fim de levar água a um desafortunado pastor que morria de sede. É uma das raras aparições desse homem tão apagado, embora tão presente. O simbolismo é expressivo: "Eu sou José, levanta a rocha e beberás". A rocha é tão pesada que o pastor hesita. A ordem é repetida. O pastor tenta: a rocha oscila facilmente e a água jorra. O símbolo é simplesmente bíblico: *Fez brotar água da rocha para seu uso...* (cf. Is 48,21).

São Paulo meditará sobre esse *rochedo espiritual*, fonte de água viva, que acompanhava os hebreus no deserto: "[...] Essa rocha era Cristo!" (1Cor 10,4).

Tudo nos vem por meio de Cristo, ele é nosso único tesouro, onde deve estar nosso coração. Esse tesouro, porém, nos é dado pelo único casal indissociável, José e Maria. José, a proteger Maria como a rocha paternal, abriga a água maternal: é o jogo de imagens simbólicas que o Senhor vai querer utilizar de novo em Lourdes. Aqui, sobre o monte Verdaille, em Cotignac, Maria havia, como se deve, precedido seu esposo ao aparecer em 1519, nos dias 10 e 11 de agosto: é a origem da peregrinação de Nossa Senhora das Graças, bastante conhecida no século XVI. A devoção a Nossa Senhora das Graças está diretamente ligada ao tão esperado nascimento do rei Luís XIV, que aliás para lá se dirigirá em ação de graças, no dia 21 de fevereiro de 1660. Portanto, neste mesmo ano é que José se mostrará, por sua vez, sobre o monte Bessillon, ligeiramente mais alto: o lugar é arrebatador, a vista estende-se ao longe; Maria apresenta José, que, por seu turno, conferirá um relevo completamente novo ao mistério de Maria. É a própria graça de Nazaré, a graça da Encarnação que o século XVII vai conhecer mais do que os outros.

Entre 1560 e 1660, três protagonistas vão exercer uma função determinante para o tema que nos ocupa: Teresa d'Ávila, São Francisco de Sales e João Tiago Olier. Eles se sucedem como em uma peça teatral bem dirigida.

Santa Teresa, que já encontramos (a primeira filha de José da História), mostra o admirável valor desta parentela espiritual (ela é a esposa de Cristo e a filha de seus pais, José e Maria). Suas fundações e seus livros falam singularmente: que testemunhos! Desde sua morte, a França quer apropriar-se de uns e de outros. Os livros são traduzidos em 1601. Causarão escândalo a alguns em razão do amor que Teresa exprime em relação a Jesus e do lugar que a autora confere à humanidade de Cristo. Maravilharão a outros e, de modo especial, à sociedade refinada que se reúne na rua dos Judeus, na casa da senhora Acarie, mulher de grande valor. É lá que Francisco de Sales, futuro bispo de Genebra (será nomeado no mesmo ano) entrará em contato com a grande espanhola. Ele trabalhará ativamente quando da vinda e da instalação das primeiras carmelitas vindas, não sem esforço, da Espanha, exigindo-se as melhores! O Carmelo Teresense instala-se na França no dia 15 de outubro de 1604 e conhecerá, apesar das dificuldades, um incrível desenvolvimento na França e na Bélgica.

São Francisco de Sales, como se tivesse recebido o melhor do espírito de Teresa, tornar-se-á um incomparável discípulo de Cristo e um perfeito amante da Sabedoria divina. Quanto a José, é difícil amá-lo e reverenciá-lo mais do que ele [o amou e reverenciou]: é o "santo de nosso coração, o pai de minha vida e de meu amor", confessa São Francisco.[1]

Tudo se passa como se São Francisco de Sales, precisamente antes de sua morte em Lyon, no dia 28 de dezembro de 1622, introduzisse diretamente a terceira personagem, o terceiro protagonista, e não dos menores, desse desvelamento de José: João Tiago Olier.

Naquele dezembro de 1622, João Tiago Olier tinha 14 anos. Sua mãe, nascida Séguier, uma das famílias mais importantes da França no século XVII, desesperava-se com o rapaz turbulento, insensível tanto às advertências quanto aos rigores. Ela o havia levado ao célebre bispo que o pai, o senhor Olier, intendente de Justiça da província, por um momento pensou hospedar em sua casa. O santo abraçou o jovem, beijou-o, abençoou-o e disse a sua mãe: "Ele será um grande servidor da Igreja!". Aquela bênção transmitiu um segredo, sem dúvida, à maneira daquela dos patriarcas, de Isaac abençoando Jacó, o pai de José! O fato é que ninguém, até aquele dia, terá tido luzes tão penetrantes sobre o mistério de José quanto Padre Olier, que morre como pároco de São Sulpício em 1657.

Um quarto homem, São João Eudes, na mesma época também havia percebido as chaves secretas, como o veremos oportunamente. Padre Olier tinha por ele a mais alta estima e o chamava de "a raridade de seu século".

---

[1] Ele escreve isso a Santa Joana de Chantal no dia 19 de março de 1614, pela manhã. Cf. *L'Année sainte de la Visitation*, t. I, p. 337 (Paris: Vives, 1866. t. X, p. 447).

SÃO JOSÉ D'ÁVILA

Em 1560, Teresa d'Ávila tem 45 anos. É religiosa no grande Convento da Encarnação e se sente pressionada interiormente a criar outra coisa. Ela treme, pois entrevê as objeções que certamente lhe farão: que ela se reforme a si mesma, para começar! Será que não existem coisas a serem mudadas lá onde ela se encontra, sem que se crie outra coisa? Ela sabe que corre o risco de ser denunciada à Inquisição, exposta a humilhantes penitências públicas, até mesmo à prisão perpétua... Uma casa que não dá lucros não é razoável, sob o plano humano. Tudo isso não provém da hipocrisia, do orgulho, da loucura das grandezas? Ademais, ela própria se coloca todas essas objeções, e o diabo a ajuda nisso poderosamente, como ela reconhece. Ela poderá suportar fisicamente as austeridades que tem em mente? "Certamente, pelo menos assim o creio, este foi um dos momentos mais dolorosos de minha vida."[2]

Contudo, o mosteiro será feito, como Jesus havia prometido, não obstante as dificuldades. Aqui, tocamos em um ponto essencial: é preciso ler atentamente o capítulo 32 da *Autobiografia* a fim de discernir uma mensagem, em sua própria construção.

O capítulo começa com uma descrição bastante memorável do inferno, tal como o Senhor permitiu que Teresa entrevisse em 1559. Um lugar de feiura total, "onde nada mais existe para amar...". Nada de diabos, nada de chamas. Uma ausência total de beleza, uma impressão atroz de angústia, de trevas, de sufocação e, sobretudo, um

---

[2] *Vida*, cap. 36.

desespero horrível no coração. Alguns anos mais tarde, ela ainda tremia por causa disso.

> Não receio dizê-lo novamente, é uma das graças mais insignes que o Senhor me concedeu. Ela produziu em mim o maior benefício. Ela me tolheu o temor das tribulações e das contradições da vida, ela me deu a coragem de suportá-las.[3]

Com efeito, muitas pessoas chegam às fronteiras desse inferno, um lugar onde o amor é impossível, o que é pior do que a morte para uma alma essencialmente concebida para amar.

Tal visão confere todo o seu sentido a esse mundo que nascerá, nesse mesmo capítulo 32, como a antítese exata do inferno, no dia 24 de agosto de 1562: o primeiro Carmelo da Reforma, São José d'Ávila. Uma pequena Sagrada Família sobre a terra! Esse pequeno convento segundo o coração de Deus, que Jesus lhe descreve, um belo dia, depois da comunhão: ele queria que fosse dedicado a São José: "Este santo nos protegerá em uma das portas, Nossa Senhora em outra, e ele próprio, Jesus, ficará no meio. Este mosteiro será uma estrela que projetará um grande brilho".[4]

Tudo está dito: esse mundo de Deus, o anti-inferno, é o mundo de José. Ele tem duas portas: a primeira, como a porta de entrada, a porta da rua, é confiada a José. Ao passar por ela, deixa-se para trás um mundo complicado,

---

[3] Ibid., cap. 32.

[4] Ibid.

confuso, hostil e perigoso. A outra é a porta misteriosa pela qual Jesus entra no mundo, naquele mundo, de modo especial, é a porta de Maria, popularmente chamada de "Porta do Céu". Tudo acontece como se o Senhor se apresentasse entre essas duas portas, assim como o Pai eterno se apresenta, de acordo com Santo Irineu, entre "suas duas mãos que são o Filho e o Espírito". O Filho imita o Pai: ele também tem duas mãos: José, por quem ele nos subtrai a esse mundo equivocado, a essa Babilônia onde todos pensam falar a mesma língua, mas não se compreende o próprio irmão, e Maria, através de quem o Filho inaugura o mundo novo, o de Pentecostes, onde cada um fala sua língua, é respeitado em sua singularidade, mas aqui todos se compreendem! É preciso passar pela primeira porta a fim de que o Espírito do Pai, que vem através da segunda, nos revele o Filho (cf. Lc 10,22): "[...] Ninguém conhece o que é de Deus a não ser o Espírito de Deus" (1Cor 2,11).

O Carmelo será feito. O início foi o mais humilde e o mais controverso. Tudo parecia desencadear-se contra aquele corpo estranho. O inferno e o mundo, no sentido de São João, não podiam compreender nem admitir um organismo que lhes parecia tão pequeno.[5] Causa espécie a fortaleza dessas quatro desafortunadas religiosas, resistindo pacificamente a toda uma cidade. Cinco anos mais tarde, como Jesus havia prometido, a estrela brilhava com tal intensidade que o diretor-geral dos Carmelos e o bispo ficaram maravilhados. Foram dadas todas as permissões e

---

[5] Ler, na *Vie de sainte Thérèse*, de Marcelle AUCLAIR (Seuil, 1950), os detalhes dessas terríveis provações dos primeiros meses (p. 162-169).

encorajamentos a Teresa para fazer surgir outros conventos similares, tanto entre homens quanto entre mulheres.

Assim é que João da Cruz – um homem admirável, sem dúvida um desses grandes gênios que nascem de vez em quando, tanto pela profundidade de seu espírito, de seus dons artísticos, quanto por sua santidade penetrante – será lançado na corrida por aquela que todo mundo agora chamava "a Madre". Ela contava 52 anos, ele 24. Ninguém mais poderia descrever tão perfeitamente bem a arte difícil, em sua simplicidade, de tornar-se "filho de José", assim como Jesus escolheu permanecer na grande reviravolta dos seus 12 anos.

Sim, refletindo sobre isso, ver-se-á bem que estas obras raras e admiráveis que são *A subida do monte Carmelo* e *A noite escura* outra coisa não são senão a descrição mais exata, a mais insubstituível que existe, da descida de Jerusalém a Nazaré. João da Cruz coloca sua genialidade e sua santidade a serviço da passagem da razão humana, muito solicitada pelas armadilhas e pelos fascínios do mundo, para o mundo bem diferente da fé. Em outras palavras: ele nos ensina, como mestre, a arte de entrar na casa de José, em Nazaré.

O espantoso é que um espírito tão penetrante como o seu não parece ter tido o pressentimento da importância de São José, contrariamente a Santa Teresa d'Ávila. Essa luz não lhe será dada senão no final de sua vida, quando prior em Granada: não tendo podido sair para confessar carmelitas, ele havia enviado dois padres que encontram um homem de aspecto venerável, o qual lhes falou da Ordem de tal maneira que eles ficaram espantados... São João da

Cruz, por sua vez, compreendeu imediatamente: "Foi São José que vocês encontraram! Mas não foi para vocês que ele se mostrou, foi para mim. Eu não havia compreendido, mas isso vai mudar".[6]

Na realidade, sem o nominar, ninguém falou melhor de São José do que São João da Cruz, sobre quem me apoio, pessoalmente, como o guia mais seguro nesse mundo obscuro da fé, que ele conhece melhor do que ninguém. Ali triunfa a graciosidade de Deus!

Não aqueles que gritam: "Senhor, Senhor...", mas os que fazem a vontade do Pai é que são agradáveis a Deus. São João da Cruz é, na Igreja de Deus, um dos introdutores do mistério de São José e, sem dúvida, o mais magistral.

UMA NOVIDADE RADICAL

É difícil dimensionar a novidade radical que foi, em outubro de 1604, a chegada do Carmelo a Paris. As obras da Madre haviam sido traduzidas em 1601: tinham sido objeto de ardentes controvérsias. Alguns temiam um escândalo: "Esta mulher é perigosa!", "Suas visões são delirantes", "Que maneira mais despudorada de falar de Cristo!". Outros se mostravam estupefatos: "Que simplicidade, que força, que amor realista!".

No centro do debate, a redescoberta da Encarnação, do Menino Jesus, de Maria e de José como seres vivos, com quem se pode falar familiarmente, que nos respondem, que se interessam por nós! Essa visão tão próxima, tão

---

[6] Cf. PADRE CRISÓGONO DE JESUS. *Jean de la Croix*. p. 235. O episódio dá-se no Convento de Los Martires, entre 1582 e 1585.

profundamente atraente e forte, ao mesmo tempo, de Cristo com seu olhar inolvidável, que encontrou amiúde o de Teresa e que a levou a fazer tão grandes coisas, esse Cristo que se pode amar apaixonadamente, como a um esposo, em consequência de um itinerário espiritual perfeitamente balizado – tudo isso, merecidamente, fascinava.

Que dizer do espanto causado por essas famosas carmelitas espanholas, vindas de tão longe? Elas eram as antípodas das religiosas habituais. Pareciam misturar tudo: oração, estudo, trabalho, recreação... Levavam seu trabalho à capela, conversavam com o Senhor com familiaridade. Amavam rir, dançar e, ao mesmo tempo, que exigência, que rigor, que profundidade, que humildade! A expedição era dirigida por uma mulher superior, Ana de Jesus, a filha predileta de Santa Teresa, para quem outrora em Beas, na Andaluzia, São João da Cruz compusera o *Cântico espiritual*. Ela amava profundamente São José, que lhe aparecera diversas vezes. Foi com ele que ela realizou importantes obras na Espanha. Com ele é que ela mantinha a aventura difícil da obra francesa, nesse grande país tão diferente, devastado pela heresia. Ele é que deveria dar seu nome ao novo convento de Paris, bem próximo de São Tiago... mas [o Cardeal] Bérulle não quis. Somente os dois seguintes, Pontoise e Dijon, poderão chamar-se São José![7]

A França pacificada por Henrique IV descobria, no início do século XVII, uma maneira completamente nova de viver a fé. O sucesso foi fulgurante: fundam-se Carmelos por toda parte, vocações de primeira qualidade encontram

---

[7] A respeito desta história apaixonante, ler a vida de *Anne de Jésus*, de irmã Marie-Anne de Jésus (Lion de Juda, 1988. p. 28-29, 40, 102, 107).

os meios de se consagrarem. Dificilmente a França terá conhecido tanto fervor e santos tão excepcionais como nessa primeira metade do século XVII.

Mas, contradição e incompreensão, infelizmente, fazem parte das obras humanas, mesmo às mais altaneiras.

Em face do realismo místico do Carmelo, há, na França, no mesmo momento, uma corrente bem diferente dentro da Igreja: o que se poderia chamar de corrente abstrata. O caminho para Deus é apresentado de maneira esotérica, intelectual, evanescente. O homem, aí, é convidado ao vazio interior, ao abandono, segundo fórmulas nem sempre claras, em que aparecem noções de iluminação e de aniquilamento, podendo prestar-se a equívocos.[8]

---

[8] Um capuchinho inglês, Benoît de Canfeld, publica, em 1608, suas *Règles de perfection*, que ilustram bem esta maneira. São Francisco de Sales não as aconselhava porque poderiam ser mal interpretadas. Não se deve confundir abstrato com espiritual.

A abstração é um poder precioso do espírito humano que permite separar mentalmente o que não é separável na realidade. Diante de um papel branco, posso separar mentalmente a ideia de alvura da ideia de papel. Tais abstrações existem dentro do meu espírito.

A prerrogativa é valiosa: o espírito do homem pode, assim, analisar, nominar, perceber relações, comunicar; os homens podem compreender e compreender-se mutuamente.

Contudo, grandes são os perigos de querer fazer o real dobrar-se a essas abstrações: Hitler havia decidido abstratamente que havia uma raça de senhores que detinha todos os direitos sobre as demais raças, as raças de escravos. Quanto à raça judaica, fundamentalmente impura, devia desaparecer.

Bem diferente é a realidade espiritual: o Espírito Santo, os anjos, por exemplo, posto que invisíveis, fora de toda apreensão humana, são seres reais. O Pai é a fonte de toda realidade.

Grande é a tentação de manipular esses seres reais como abstrações: é o princípio das seitas e dos ensinamentos ditos esotéricos (reservados aos iniciados...).

Tal corrente sempre existiu na Igreja. Há uma tentação, no coração do homem, de querer fingir-se de anjo, de um lado e, do outro, confiscar as verdades, como se elas fossem reservadas a iniciados. É a tentação dos gurus de ontem e de hoje. Santo Irineu, bispo de Lyon no século II, já lutava contra essa mentalidade perigosa, que misturava o pensamento cristão com todo tipo de bizarrices emprestadas da filosofia ou da mitologia, que tornam pretensiosos ou alucinados os que as engolem.

Compreendemos bem esse duplo perigo, no seio do qual nós evoluímos constantemente: ser demasiado terra a terra, fazer do ventre o seu deus, como diz São Paulo; instalar-se nas realidades deste mundo, como se fossem as únicas. "O homem não espiritual não aceita o que é do Espírito de Deus, pois isso lhe parece loucura" (1Cor 2,14).

Ou o bem-estar, ao contrário, sonhador, irreal. Tomar como pretexto a piedade mal compreendida, ilusões de uma falsa caridade, para não ver os conflitos, os confrontos, as necessidades imperiosas de seres carnais e sociais que somos, em um mundo implacável.

No coração do debate: a humanidade de Cristo. Diz São João: "Acontece que se espalharam pelo mundo muitos sedutores, que não professam Jesus Cristo vindo na carne" (2Jo 7).
Santa Teresa d'Ávila, sob a influência de teólogos duvidosos, passou, dolorosamente, por uma fase abstrata, "à moda dos protestantes, observa ela, que de nada dispõem para ajudar a própria sensibilidade". Ela volta, com alegria, à consideração da humanidade de seu querido Senhor, sobretudo em sua Paixão: "Compreendi, além disso, quanto estava obrigada a honrar Nossa Senhora e São José. Com efeito, muitas vezes eu seguira o caminho da perdição, e Deus, levando em consideração as preces deles, reconduzia-me ao da salvação" (*Relations* XXIII, 1572).

Péguy escreve em um de seus mais belos textos, publicado postumamente, que

> a segunda dificuldade é muito mais grave do que a primeira, porque ela é mais sutil, mais dissimulada, porque ilude facilmente as almas belas, as que desejam elevar-se e servir....[9]

Vestígios desse espírito de abstração podem ser percebidos em homens eminentes, como Pierre de Bérulle, em suas origens. É um sacerdote de grande valor, que exercerá papel importante, tanto no plano histórico quanto no da espiritualidade. Em 1611, fundará o "Oratório da França", copiado do de São Filipe Néri, na Itália, e esse porto de oração, de estudos e de vida fraterna terá a melhor influência sobre a Igreja.

Uma de suas grandes fontes de inspiração é o Carmelo que, inicialmente, ele contribuiu para que viesse para a França e que, ao mesmo tempo, não compreende bem. Ele entrará em choque com as melhores carmelitas ao querer impor-lhes suas opiniões, ao passo que elas teriam desejado prosseguir a via espanhola, e findarão por abandonar a França para ir fundar na Bélgica.

De modo todo particular, ele fará sofrer, sem dúvida involuntariamente, a mulher admirável que era Ana de São Bartolomeu, a filha preferida de Santa Teresa d'Ávila, ela que recolhera o último suspiro de sua querida Madre naquela tarde do dia 4 de outubro de 1582, a melhor herança de seu espírito e, bem particularmente, de sua devoção a São José.

---

[9] Trata-se de "*Véronique. Dialogue de l'Historie et de l'âme charnelle*". In: *Oeuvres en prose*. La Pléiade, 1909-1914.

Pois José, que parecemos abandonar, está, na realidade, presente em toda parte: é ele o artesão secreto dessa novidade radical, com a discrição que o caracteriza. As carmelitas queriam dar-lhe o nome ao novo convento parisiense, essa implantação essencial que iria ser o ponto de partida da fantástica aventura onde, um dia, distinguir-se-á a famosa Teresa do Menino Jesus, ainda mais conhecida do que sua Madre. Bérulle recusou o nome... queria uma denominação mais elevada, que recordasse o mistério mais tocante do Senhor: será o Convento da Encarnação.

A incompreensão entre Bérulle e as carmelitas espanholas atinge seu estado crítico durante o período em que Ana de São Bartolomeu é prioresa em Pontoise. Ela se sente muito infeliz por tudo isso e deve mobilizar toda a força de sua inteligência espiritual e de sua virtude a fim de não sucumbir.[10] Incompreensão entre duas almas superiores... Isso faz lembrar a que existe, dolorosamente, no templo, entre Maria e seu Filho. Eis o que não é mais possível desde que voltamos para a Sagrada Família, em Nazaré.

O próprio Bérulle conhecerá a perseguição e a tribulação, e tornar-se-á um dos pensadores mais profundos e mais influentes da Igreja. Seu prestígio foi considerável: ele estava ligado diretamente a uma descoberta profunda do mistério do Verbo Encarnado. Contudo, se ele tinha uma devoção extremamente viva a Maria; se ele entreviu a importância de José, como testemunham as notas de uma ouvinte de uma de suas conferências, ele não teve a

---

[10] Padre URQUIZA, carmelita, acaba de publicar, em Roma, *Les oeuvres de la Vénérable Anne de Saint-Barthélémy*. A amplitude e a profundidade deste episódio exalam da leitura desses textos.

luz de seu jovem contemporâneo, João Tiago Olier, acerca do papel todo especial desse santo.[11]

Tudo isso mostra que, quaisquer que sejam a cultura, a boa vontade de um grupo humano ou de uma pessoa, o encontro da humanidade de Cristo é sempre uma aventura purificadora e profundamente desestabilizadora, incompreensível. Vemos isso claramente no Evangelho! Após três anos, os mais íntimos colaboradores de Jesus, como Pedro, não compreendiam bem... Aqui é onde intervêm, hoje como ontem, Maria e José. A força do Carmelo de Santa Teresa consiste em tê-lo misteriosamente adivinhado, vivido em profundidade e, portanto, ter compreendido um pouco. Esta será também a força de São Francisco de Sales.

SÃO FRANCISCO DE SALES

Poucos homens, tanto quanto São Francisco de Sales, evocaram para seus contemporâneos o que podia ser a humanidade de Cristo, isto é, um encontro feliz entre o que a natureza oferece de mais atraente e um não sei quê vindo de outra parte, indefinível e, no entanto, presente.

Ele apresentava uma conjunção singular entre a graciosidade aristocrática e a perfeita cortesia com os humildes; uma ciência experimentada, adquirida nas melhores fontes de Paris e de Pádua, e uma autêntica simplicidade;

---

[11] DUPUY, *Morceaux choisis de Pierre de Bérulle*. H. BREMOND, grande especialista dessa época, admira-se justamente que um espírito tão penetrante como Bérulle não tenha tido uma intimidade maior com São José (*Historie littéraire du sentiment religieux au XVIIe siècle*, t. III, p. 98, note 2).

uma doce compreensão, plena de jovialidade e o mais exigente rigor; uma ternura rara, para os seres humanos, e uma liberdade total. Este último ponto intrigava de modo especial. Ele próprio não podia explicá-lo:

> Já não há almas no mundo, como penso, que se comprazam mais cordialmente, mais ternamente e, para dizê-lo de uma vez, mais amorosamente do que eu; com efeito, aprouve a Deus fazer meu coração assim. Mas, não obstante, amo as almas independentes, vigorosas, que já não são as femininas; pois essa ternura tão grande queima o coração, inquieta-o e o distrai da oração amorosa para Deus, impede a perfeita resignação e a morte completa do amor próprio. O que já não é mais Deus não é nada para nós. Como é possível que eu sinta tais coisas, eu, que sou o mais afetivo do mundo [...]? No entanto, na verdade eu as sinto, mas é maravilhoso como eu concilio tudo isso junto, pois pareceu-me que nada mais amo senão Deus e todas as almas para Deus.[12]

Henrique IV estava de tal modo encantado com isso que teria desejado conservar esse saboiano na França para fazê-lo bispo de Paris. Quanto ao senhor Vincent, que entendia do assunto, dizia a respeito dele durante o processo de canonização: "Ao evocar suas palavras em mim mesmo, senti tal admiração por elas que era levado a ver nele o homem que melhor reproduziu o Filho de Deus vivo sobre a terra".

---

[12] FRANCISCO DE SALES. *Lettres d'amitié spirituelle.* Présentées par le P. A. Ravier. D.D.B., 1980. p. 751.

Qual é o segredo de tudo isso? Exatamente o mesmo de Santa Teresa: Maria, com quem ele mantinha vínculos totalmente confiantes e amorosos (relações aprendidas com sua própria mãe, sua "querida mãe", que não contava senão dezesseis anos a mais que ele) e José, que Maria lhe havia revelado. Tal segredo ele exprime sempre mais profundamente, até o impressionante sermão do dia 19 de março, que precede sua morte, chamado também "Décimo nono Colóquio", na edição da Visitação.

São Francisco de Sales era simplesmente um verdadeiro filho de São José, como Santa Teresa era sua filha.

Ele o diz neste bilhete, enviado no dia 19 de março de 1614, à sua querida filha Santa Joana de Chantal:

Annecy, 19 de março de 1614.

Minha muito querida filha,

Eis as ladainhas do glorioso Pai de nossa vida e de nosso amor. Eu contava enviá-las escritas de próprio punho, mas, como você sabe, já não depende de mim. Contudo, tomei o tempo de revê-las, de corrigi-las e de colocar nelas os acentos, a fim de que nossa filha do Chastel as cante mais facilmente, sem cometer falhas. Mas você, minha filha, que não poderá cantar os louvores desse santo do nosso coração, você as murmurará como a Esposa, entre seus dentes; ou seja, estando sua boca fechada, seu coração abrir-se-á à meditação das grandezas desse Esposo da Rainha de todo o mundo, denominado Pai de Jesus e seu primeiro adorador, depois de sua divina Esposa.[13]

---

[13] *Oeuvres complètes.* Ed. Vivès. t. X., p. 477.

Tudo está dito. Que se observem atentamente tanto as palavras quanto o tom.

A SOMBRA DO SANTO MATRIMÔNIO

Não podendo retomar todos os detalhes do pensamento de São Francisco de Sales sobre São José,[14] redescubramos o essencial. Esse santo, e também teólogo, havia compreendido que os três títulos de José estão perfeitamente imbricados: ele é, antes de mais nada, o esposo de Maria e, por esse mesmo fato, o pai de Jesus (é a própria Maria que o diz, com simplicidade, observa ele: "[...] Olha, teu pai e eu estávamos, angustiados, à tua procura!" [Lc 2,48]). Nessa dupla qualidade, ele é convidado a ser, no máximo grau, "um justo", ou seja, aquele que realiza os segredos do "começo", aquele no qual o Espírito de Deus pode habitar.

Antes de mais nada, ele é o esposo de Maria, inseparável de sua esposa (o que a Igreja está longe de ter integrado em seu pensamento e em sua prática). A partir do momento em que nosso autor contempla Maria, imediatamente ele vê José ao lado dela. No início da obra de sua vida, *O tratado do amor de Deus*, ele invoca *aquela* de quem Deus faz suas delícias, pois a *ela* é que pertence o trabalho:

> Mas, ó Mãe totalmente triunfante, quem pode lançar os olhos sobre vossa majestade sem ver à vossa destra aquele que vosso Filho quis tão frequentemente, por amor de vós, honrar com o título de Pai, tendo-o unido a vós pelo laço de um matrimônio totalmente virginal,

---

[14] Esse pensamento será objeto de um artigo do primeiro número dos *Cahiers de Joséphologie*, em 1888.

a fim de que fosse vosso socorro e coadjutor no encargo da condução e educação de sua divina infância? Ó Grande São José, Esposo muito amado da Mãe do Bem--Amado! Quantas vezes trouxestes o Amor do Céu e da terra entre vossos braços, enquanto abrasado pelos doces abraços e beijos desse Menino divino, vossa alma rejubilava-se quando ele pronunciava ternamente aos vossos ouvidos (ó Deus, que suavidade!) que vós éreis seu grande amigo e seu querido Pai bem-amado![15]

Espontaneamente, redescobre exatamente as palavras de Ubertino de Casale, que viveu três séculos antes dele. Tal pensamento invade-o a tal ponto que, ao ser ordenado bispo por seu amigo Dom Camus, em março de 1609, ele retoma seu tema predileto:

Não encontro nada mais agradável à minha imaginação do que ver esse pequeno Jesus celeste nos braços desse grande santo, chamando-o milhares e milhares de vezes de Papai, em linguagem infantil e com um coração filialmente pleno de amor.[16]

A fim de reconduzir tudo ao essencial, digamos que São Francisco de Sales compreendeu três coisas, sendo a primeira uma espécie de chave das demais.

A primeira verdade, maravilhosa como jamais existiu, sobre a qual será preciso refletir bem, visto que vivemos a partir dela, é que Jesus foi gerado "à sombra do matrimônio santo" de José e de Maria. O trabalho do Espírito

---

[15] *Oeuvres complètes*. La Pléiade. p. 333.

[16] *Lettres d'amitié spirituelle*, p. 502.

Santo, que tradicionalmente corresponde a essa sombra, assume uma forma bem concreta, que Deus quis expressamente: Maria deve morar com José, ela dá à luz sob os cuidados de José. Uma comparação bastante inventiva dá a entender, naquele a que chamamos de o "Décimo nono Colóquio" e que é, na verdade, o último sermão sobre São José (que sermão!). José é a palmeira do Sl 92(91), "o príncipe e o rei das árvores", Maria é a palmeira feminina. Ela não pode produzir frutos sem sua bem-amada palmeira masculina:

> [...] se ela é contemplada pela palmeira masculina, e está a seu lado (se ela a contempla), ela produz muitos frutos. Ela produz, mas produz virginalmente, pois não é absolutamente tocada pela palmeira masculina [...] A fim de conservar essa pureza e essa virgindade, foi preciso que a Providência Divina a tivesse colocado sob o encargo e sob a guarda de um homem que fosse virgem, e que essa Virgem concebesse e desse à luz esse doce fruto de vida, Nosso Senhor, à sombra do santo matrimônio [...] não que José tenha contribuído de alguma forma com essa santa e gloriosa produção a não ser através somente da sombra do matrimônio [...] E, ainda que não tenha colaborado com nada de seu, teve, entretanto, uma grande parte nesse fruto santíssimo de sua Sagrada Esposa, pois ela lhe pertencia e estava plantada bem junto dele, como uma gloriosa palmácea junto à sua bem-amada palmeira masculina, a qual, segundo a ordem da Divina Providência, não podia e não devia produzir senão sob sua sombra e a seu lado.[17]

---

[17] *Oeuvres complètes*. Ed. de la Visitation d'Annecy. t. VI, p. 354.

Toda a nossa pesquisa e nossa meditação, toda a nossa vida não deveria estar voltada senão para essa sombra bem-aventurada, única fonte e único segredo da Humanidade de Cristo.

As duas outras descobertas de São Francisco de Sales decorrem diretamente daquela.

Visto que a sombra de São José é a condição para a geração de Jesus, ela é a condição de nossa geração espiritual. Viver dentro da Sagrada Família é exatamente ir ao encontro das exigências concretas que correspondem a esta parentela. Aí e tão somente aí é que Cristo quer ver-nos crescer espiritualmente com ele:

> Antigamente, punham-se as lamparinas do antigo Templo sobre flores-de-lis de ouro: ó Maria e José, casal sem par, lírios sagrados de incomparável beleza entre os quais *o Bem-amado se deleita* (Ct 6,2) e alimenta todos os seus amantes! Pobre de mim, se tenho alguma esperança de que este escrito de amor possa esclarecer e inflamar os filhos da luz (Lc 16,8), onde poderia melhor colocá-lo senão em meio a vossos lírios? Lírios, com os quais o Sol de justiça, *esplendor e candura da luz eterna* (Sb 7,26), tão soberanamente se deleitou, que demonstrou as delícias da inefável dileção para conosco.[18]

Lá é onde Deus veio entre os homens, lá é que ele vem em verdade, lá é que ele quer encontrar-nos, ali é onde ele pode amar-nos.

---

[18] *Oeuvres complètes*. La Pléiade. p. 333.

A atmosfera particular da obra de São Francisco de Sales, que é o equilíbrio dos contrários, corresponde ao que nós compreendemos como a especialidade da casa de José: o sublime não chega aí provindo dos homens, mas de Deus: "Amo em tudo a simplicidade e a candura...". Não devemos visar senão a essa simplicidade, em uma atmosfera de alegria, de positividade: "Pensemos simplesmente em agir bem hoje, e quando o dia de amanhã chegar ele chamar-se-á hoje e, então, nele pensaremos".[19]

A terceira verdade, como a juntura de uma canalização que permite o conjunto funcionar: é que tudo, aqui, obedece a José. Ele está encarregado de proporcionar à alma o primeiro e o mais indispensável dos bens: a paz do coração. Sem ela, nada é possível. Em Paris, o antigo estudante conheceu, aos 19 anos, uma provação atroz; como Santa Teresa, também ele experimentou o inferno e pensou que sucumbiria. Pouco depois, a provação recomeça em Pádua, onde o problema da predestinação mergulha-o na angústia: ele conhece o preço da paz. "Sabeis", dirá ele a suas Irmãs da Visitação, "que sempre busquei inculcar--vos na memória, desde o início, esta santa igualdade de espírito como sendo a virtude mais necessária e particular da religião". Ora, de onde vem a paz da Sagrada Família? Da obediência a São José, esse homem misterioso que está como que conectado diretamente ao Pai.

Trata-se de um episódio pleno de significado, a fuga para o Egito: "Nosso Senhor não queria governar a si mesmo, mas deixar-se levar aonde quisessem e por onde

---

[19] *Extraits de lettres.* Vitte, 1941. p. 156.

quisessem". Quanto a Nossa Senhora, "o anjo não se dirige a ela [...] ela não se ofende pelo fato de o anjo ter-se dirigido a José [...], ela simplesmente obedece porque sabe que Deus assim o ordenou; ela não indaga por que, basta-lhe que Deus assim o queira e que ele se compraza em que nos submetamos sem objeção".

Quando nos submetemos a José como ao Pai eterno, as situações mais penosas não tiram a paz, as reviravoltas mais inusitadas tornam-se possíveis: "Que nos baste saber que Deus quer que obedeçamos sem entreter-nos na avaliação daqueles a quem devemos obedecer". Assim faz a própria Rainha dos anjos; é através da iniciativa de José, "a quem Nossa Senhora se submete como a seu superior", que Deus lhe fala, e isso "sem êxtase ou arrebatamentos, ou visões e, sei lá, estupidezas semelhantes que forjamos em nossa mente [...]".[20]

Relutantemente, detenhamo-nos aqui. Para São Francisco de Sales, José era "o vice-pai de Nosso Senhor, no lugar do Pai eterno, que, no que concernia à vida de Nosso Senhor, não queria empregar normalmente sua majestade".[21] Admirável modo de redigir, que não aparece na edição

---

[20] *Oeuvres complètes*. VI, p. 38, 44-45. Trata-se do III Colóquio da Visitação, na realidade um sermão dos mais tocantes sobre a fuga para o Egito. Nosso autor alia-se a um mestre demasiado esquecido, Ambrósio de Lombes, capuchinho, morto em Luz-Saint-Sauver em 1778, autor de uma obra-prima, muitas vezes reeditada no século XIX, *Le Traité de la paix interieur*. A paz do coração é o primeiro e o mais importante dos dons de Deus.

[21] *Oeuvres complètes*. La Pléiade. p. 1.534. Trata-se da primeira redação do *Traité*. Não conservará exatamente a mesma expressão, mas, completamente, este pensamento audacioso, tão ousado e novo que convém manter oculto.

definitiva do *Tratado*, mas que corresponde exatamente ao que ele pensava, ao que ele vivia em profundidade: na vida comum, aprendendo a arte particular de obedecer a José (pouco a pouco veremos melhor em que isso consiste) é que fazemos, como Jesus, a vontade do Pai eterno.

Padre Olier exprimirá ainda mais claramente a mesma verdade.

PADRE OLIER

João Tiago Olier, aos 14 anos, recebeu, portanto, a bênção de São Francisco de Sales justamente antes da morte deste (aos 55 anos). De acordo com a profecia deste último, ele cumprirá perfeitamente sua missão ao ser bem-sucedido naquilo que outros haviam fracassado: será o primeiro a abrir os seminários que o Concílio de Trento exigira havia um século. Ele orientará em profundidade o espírito da Igreja em um sentido cujo segredo, hoje, devemos justamente reencontrar: a arte (supremamente difícil!) de *tornar-se criança*, visto ser a condição para entrar no Reino dos Céus (cf. Mt 18,3). Como agir, aqui, mais do que nunca, senão imitando Jesus? Ser criança como ele, entre José e Maria. É a razão profunda pela qual o Seminário São Sulpício foi confiado a Maria, a quem, certamente, Padre Olier amava muito, mas também, no mesmo ensejo, confiado a José.[22]

Padre Olier reconhecia-o: outros haviam recebido todo tipo de dons na Igreja; ele recebera o da infância. Daí seu gênio próprio, feito da conjunção da audácia e da

---

[22] FAILLON. *Vie de Monsieur Olier.* 1875. t. III, p. 81.

sabedoria, em um clima de confiança e ingenuidade, se ouso dizê-lo, absolutamente particular. Seu diretor havia escolhido para ele, por assim dizer, o espírito da infância.

Seu diretor era Carlos de Condren, um dos espíritos mais iluminados desse século tão rico, o sucessor do grande Pierre de Bérulle à frente do Oratório. Morrerá no dia 7 de janeiro de 1641. No Natal de 1640, deixa seu querido filho espiritual dizendo-lhe: "Tenha como diretor o Menino Jesus". Uma ordem que vai mais longe do que se podia crer e que se tornará o segredo de Padre Olier.

Nessa época, ele está com 32 anos e atravessa uma crise medonha, que deveria durar, ao todo, dezoito meses. Esse sacerdote de boa família, amável, excelente pregador, tornara-se, de maneira pouco compreensível, uma espécie de farrapo humano. Era como se estivesse "abestalhado", dizia tristemente sua mãe, incapaz de falar, mal se mantendo de pé, perdendo os reflexos mais elementares, tornando-se um peso para seus companheiros missionários. No ano de 1641, não somente sua provação termina bruscamente, no domingo que se seguiu à Festa de *Corpus Christi*, como conseguiu abrir o primeiro seminário em Vaugirard.

Como São Francisco de Sales, ele havia abandonado as facilidades de uma vida de rico famoso, havia conhecido a força das amizades femininas, mas seu diretor lhe pediu para não aceitar o episcopado. Ele iria concretizar essa vocação rara, da qual falara, em condições bastante impressionantes, que envolvem uma jovem dominicana, a Madre Agnes de Langeac. Em 1631, em Paris, durante um retiro em São Lázaro sob a direção de São Vicente de Paulo, ele viu chegar essa jovem dominicana, em uma visão curiosa... Somente três anos mais tarde, ao dirigir-se a Langeac, não longe de Puy, é que ele a reencontrou e a identificou, não sem espanto: "É verdade, o senhor me viu duas vezes em Paris, onde lhe apareci no retiro de São Lázaro, porque eu recebera da Santa Virgem a ordem de rezar pela conversão do senhor, visto que Deus o destinou a lançar os primeiros fundamentos dos seminários do reino da França".[23] Ela morreria no mesmo ano de 1634.

Tudo é bem simples e tudo é extraordinário em Padre Olier, o que é típico daqueles que encontraram *essa pequena porta que tão poucos encontram*, a porta da casa de Nazaré. Ele, que começara sua vida clerical em meio ao luxo e diversões da feira de Saint-Germain, com carruagem e criados, descobrira, pouco a pouco, o dom total de seu ser a Deus. Completamente renovado pela terrível provação experimentada por volta dos 30 anos, ele iria, então, fundar os seminários e transformar a pior paróquia de Paris, São Sulpício, na paróquia modelo de seu século.

O segredo de Padre Olier

Poucas pessoas, sem dúvida, viveram tão intimamente quanto ele o mistério de José. Ninguém o exprimiu mais profundamente. A Igreja não poderá senão redizer o que ele disse, na própria medida em que o Espírito lhe permitir, pois, como diz São João da Cruz, é preciso sempre "seguir a razão" e, consequentemente, mister se faz que

---

[23] Cf. a interessante conferência sobre *Mère Agnès de Langeac et son temps* (Le Puy: Dominicaines de Mère Agnès, 1986).

essa razão seja iluminada. Está demonstrado que Deus só revela lentamente a missão que confiada ao carpinteiro de Nazaré, como se esse desvelamento devesse acontecer com as maiores precauções. Ninguém a pode ver antes do tempo e nada no mundo pode dar-lhe acesso direto. Quanto a Padre Olier, nela foi introduzido plenamente.

Como no caso de São Francisco de Sales, não podemos apresentar senão algumas pistas, bem conscientes de que uma coisa é recopiar ou ler uma frase, outra coisa é perceber-lhe o verdadeiro alcance. Padre Olier não foi bem compreendido, com frequência, nem em seu tempo, nem mais tarde; um pouco como o fascinante original do século XIII, Padre Hermano,[24] premonstratense, que recebera o nome de José em razão de seu noivado espiritual com a Virgem Maria.

De qualquer modo, a chave da intelecção de José, para Santo Hermano-José, para Padre Olier e para nós, é Maria. Padre Olier tinha uma intimidade realmente admirável com ela. Ele confessa que era capaz de falar-lhe com uma facilidade da qual ele era o primeiro a admirar-se. Certo dia, quando um de seus confrades o indagou a respeito do assunto, foi tomado por esse fervor: "Eu vos descrevi a ela tão ingênua e poderosamente que ficou emocionada, e eu, mais ainda...".[25] Maria é que inspirara Agnes de Langeac a seu respeito; Maria é que lhe mostrou, em Notre-Dame, o plano do futuro seminário, onde cada seminarista devia ter, contrariamente ao costume vindo de São Carlos Borromeu, sua pequena cela pessoal. Ficara, ademais, bastante confuso e

---

[24] Cf. *Dictionnaire de spiritualité*. t. VIII, p. 308. Foi canonizado em 1958.

[25] BREMOND, H. *Ouvres complètes.*, t. III, p. 448.

pedira a Nossa Senhora que encontrasse outra pessoa para empreendimento tão custoso... Não, era a ele mesmo que Maria queria e ela fará tudo ser bem-sucedido.

Digamos francamente: sem Maria, tudo o que Padre Olier diz sobre São José torna-se incompreensível, e corremos dois perigos: seja imaginar que "compreendemos" o pensamento vertiginoso que ele nos propõe, o que seria espantoso; seja rejeitá-lo como absurdo, o que seria deprimente (em primeiro lugar para nós!). Com Maria entramos, paulatinamente, nessas claridades tenebrosas e indispensáveis, pois ela salvaguarda perfeitamente a ordem das coisas: ela é a obra-prima da graça de Cristo; José é a obra-prima de seu amor. Por meio dela e nela o Pai e o Filho se reencontram em José.

Ninguém expressou melhor essa maravilha do que o normando São João Eudes, homem muito inteligente, contemporâneo de Padre Olier e, como ele, fundador de seminários. Meditemos a lógica quase matemática enunciada em seu livro *Le coeur admirable* [O coração admirável]:

> Sim, depois de Deus, São José é o primeiro objeto do amor da Santíssima Esposa e ele tem a primazia em seu Coração, pois Maria, pertencendo totalmente a José como a Esposa ao seu Esposo, o Coração de Maria era todo de José [...] Portanto, é óbvio que Jesus forma um único Coração com Maria, por isso podemos dizer que Maria forma um único Coração com José e, consequentemente, José forma um único Coração com Jesus e Maria.[26]

---

[26] SAINT JEAN EUDES. *Le Coeur admirable*. t. VIII, ch. 3.

Com seu gênio luminoso, São João Eudes exprime de maneira feliz o que o Espírito Santo pode fazer quando agem plenamente os laços humanos conjugais, parentais, amistosos. Maria doa tudo o que tem a seu Filho. O Coração e o Sangue de Jesus vêm de Maria. Com tranquila audácia, São João Eudes contempla Maria no Coração de Jesus e Jesus no Coração de Maria, como "o coração de seu coração [...] o único princípio de todos esses movimentos".[27]

José, beneficiando-se do amor único que Maria lhe dedicava, é introduzido nessa intimidade porque, no céu, como dirá um dia Bernadete, não há inveja. A Sagrada Família já é o céu sobre a terra.

Eis exatamente o segredo de Padre Olier. Ele vive dessa qualidade excepcional de relacionamentos humanos que é o objeto de uma das últimas súplicas de Jesus antes de morrer: "Que todos sejam um, como tu, Pai, estás em mim, e eu em ti. Que eles estejam em nós, a fim de que o mundo creia que tu me enviaste" (Jo 17,21).

Padre Olier sabe onde tais relacionamentos foram vividos, onde se deve buscá-los.

As ideias mestras

A originalidade de Padre Olier, sua graça peculiar, consiste em ter percebido, dentro da própria linha de São Francisco de Sales, o laço perfeitamente misterioso que existe entre José e o Pai eterno. Ninguém, sem dúvida, percebeu-o melhor do que ele, porque ninguém o viveu melhor: ele depreende daí toda uma visão da vida sacerdotal.

---

[27] Ibid., liv. 1, ch. 4 et 5.

O texto mais tocante, atinente a José, é um pequeno opúsculo que se encontra no final de *La journée chrétienne* [A jornada cristã].[28] Eis-nos aqui no núcleo do que chamamos a Escola Francesa, da qual Padre Olier, depois de Brémond, é o mais ilustre representante, no coração da Sagrada Família. Esta espiritualidade vai exercer um grande papel na Igreja e no mundo.

A intuição central é dada imediatamente:

> O admirável São José veio à terra para exprimir sensivelmente as perfeições adoráveis de Deus Pai. Somente em sua pessoa ele trazia suas belezas, sua pureza, seu amor, sua sabedoria e sua prudência, sua misericórdia e sua compaixão. Um único santo está destinado a representar Deus Pai, ao passo que é preciso uma infinidade de criaturas, uma multidão de santos para representar Jesus Cristo; com efeito, toda a Igreja se esforça unicamente para manifestar externamente as virtudes e as perfeições de seu adorável chefe, e somente São José representa o Pai eterno [...]. Também deve considerar o augusto São José como a maior coisa do mundo, a mais célebre e a mais incompreensível [...]. [O Pai] tendo escolhido para si esse santo, a fim de torná-lo sua imagem sobre a terra, concede-lhe consigo uma semelhança de sua natureza invisível e oculta; em minha opinião, esse santo não pode ser compreendido pelo espírito dos seres humanos [...].

Significa que somente a fé pode perceber alguma coisa.

---

[28] *La Journée chrétienne* (J. J. Olier). Roger et Chernoviz, 1906 – no fim do volume.

A seguir, dá-se um desdobramento inimitável dessas ideias: também ele pensa, com São Francisco de Sales, que a luz que ilumina a alma de José é da mesma natureza que a de Maria. Mas, contrariamente aos demais autores, ele não julga dever estabelecer níveis, permitindo que a Mãe de Deus ocupe algum primeiro lugar; ele concede a José um tipo de beleza e de sabedoria que nada limita, visto que ele era o tutor de Cristo sobre a terra.

E esse é o segundo princípio: "O Filho de Deus, tendo--se tornado visível ao assumir a condição humana, conversava e tratava visivelmente com Deus, seu Pai, velado sob a pessoa de São José, por meio da qual o Pai se lhe tornava visível".

Por um lado, José e Maria são o oratório onde Jesus reencontra o Pai no Espírito; por outro lado, "a santa Virgem e São José viam a pessoa de Deus em Jesus".

Como São Francisco de Sales, Padre Olier pensa (e em que termos!) que a Sagrada Família era uma espécie de paraíso sobre a terra, onde todos os contrários se conjugavam. No correr da pena, ele observa:

> Era um céu, um paraíso sobre a terra, eram delícias sem fim nesse lugar de dores; era uma glória iniciada já na vileza,[29] na abjeção e na pequenez de suas vidas.
> Jesus, não me espanta se vós permaneceis trinta anos inteiros nessa casa, sem deixar São José. Não me admiro se sois inseparáveis de sua pessoa. Sua casa já é um paraíso e sua casa é para vós o seio de vosso Pai, de quem sois inseparáveis e no qual encontrais vossas delícias eternas.

---

[29] Vileza vem de vil, ligado a uma ideia de desprezo, de abjeção.

Fora dessa casa não encontrais senão objetos funestos, pecadores, essas tristes causas de vossa morte.

Uma frase breve, fulgurante, diz o que ninguém ousaria dizer, nem sequer pensar: "Jesus enxergava nele [José] o Pai eterno como seu Pai, e a Santíssima Virgem considerava em sua pessoa o próprio Pai eterno como seu esposo".

As consequências, para a Igreja, são claras: se São Pedro foi agente da boa marcha da instituição, "para a organização, para o regime e para a doutrina", São José, completamente oculto (contrariamente a São Pedro, que fica bem à vista), "foi estabelecido para comunicar interiormente a vida sobre-eminente que ele recebe do Pai e que, a seguir, escorre sobre nós por meio de Jesus Cristo". Toda graça, como os protestantes afirmam com exatidão, vem unicamente de Jesus Cristo, mas nem eles nem os católicos entreveem suficientemente o papel específico de Maria e, acima de tudo, de José nesse diálogo entre Deus e o homem.

Como Jesus, devemos "amar com ternura Deus Pai em São José [...] e porque em Deus Pai São José é fonte de todo bem e de toda misericórdia, diz-se desse santo que nada se pede a ele que não seja alcançado".

Não admira que os padres, particularmente encarregados, como ele, de engendrar Cristo virginalmente nas almas, devem olhá-lo como seu modelo e protetor, "também nós escolhemos São José como um dos patronos do seminário", prossegue ele, "como o santo que Nosso Senhor incumbiu no céu do cuidado expresso dos sacerdotes, segundo o que ele me fez conhecer por sua bondade". Obviamente, foi através de Maria, a outra "padroeira" do seminário, que Padre Olier se deu conta dessas raras maravilhas.

Compreender-se-á melhor, sem dúvida, depois de tudo isso, como um jesuíta, contemporâneo de Padre Olier (eles tinham dois anos de diferença!), podia exclamar:

> Lindo sol, pai dos dias, apressa teu curso, faze rapidamente nascer essa hora afortunada na qual se devem cumprir todos os oráculos dos santos, que nos prometem que, no ocaso do mundo, aparecerão magnificamente as glórias de São José; que nos asseguram que o próprio Deus puxará a cortina e rasgará o véu que nos impediu, até agora, de ver abertamente as maravilhas do santuário da alma de São José; que predizem que o Espírito Santo agirá incessantemente no coração dos fiéis para movê-los a exaltar a glória dessa divina personagem.[30]

As intuições e as expressões de Padre Olier não podem deixar de nos desconcertar. Ele nos preveniu quanto a isso. A sequência de nossas reflexões trará alguns pequenos esclarecimentos.

É impossível deixar o século XVII sem tentar entender os encantamentos do bispo e teólogo Jacques-Bénigne Bossuet: não há texto mais simples, nem mais profundo do que o terceiro ponto do primeiro panegírico de 1656. O sermão, em sua totalidade, ademais, é tão belo que a rainha-mãe quis ouvi-lo de novo no dia 19 de março de 1659, que caiu numa quarta-feira, e a impressão foi inesquecível. Bossuet

---

[30] PADRE JACQUINOT. *Les gloires de Joseph.* Dijon, 1645. Cf. DOM VILLEPELET. *Les plus beaux textes sur saint Joseph.* p. 100.

foi escolhido novamente pela Corte, dois anos mais tarde, no grande 19 de março de 1661, quando a França foi consagrada a São José, sob o impulso da jovem rainha vinda da Espanha no ano anterior: nessa ocasião é que ela pronunciou a frase profética: "O que a Igreja tem de mais ilustre é o que ela tem de mais oculto".

Voltemos, porém, por breve instante, ao primeiro panegírico e a seu terceiro ponto. Bossuet medita aí as diferentes vocações nas Escrituras e observa:

> Entre todas as vocações, observo duas nas Escrituras que parecem diretamente opostas: a primeira, a dos apóstolos; a segunda, a de José. Jesus foi revelado aos apóstolos, Jesus foi revelado a José, mas em condições bem diversas. Ele foi revelado aos apóstolos a fim de que o anunciassem a todo o universo; ele foi revelado a José para silenciá-lo e para ocultá-lo. Os apóstolos são luzes para tornar Jesus Cristo visível ao mundo; José é um véu para cobri-lo: e sob esse véu misterioso esconde-se-nos a virgindade de Maria e a grandeza do Salvador das almas. Também lemos nas Escrituras que, sempre que se queria desprezá-lo, dizia-se: "Não é ele o filho de José?". Tanto que Jesus, entre as mãos dos apóstolos, é uma palavra que é preciso pregar: *"Loquimini omnia verba viae hujus"*, pregai a palavra desse Evangelho; e Jesus, entre as mãos de José, é uma palavra oculta: *"Verbum absconditum"*; e não é permitido desencobri-la. Com efeito, vede a sequência disso. Os divinos apóstolos pregam tão altamente o Evangelho que o rumor de sua pregação ecoa até o céu: e São Paulo ousou dizer que os conselhos da sabedoria divina chegaram ao conhecimento dos poderes celestes "mediante a Igreja", diz este apóstolo, e pelo

ministério dos pregadores, *"per Ecclesiam"*; e José, ao contrário, ao ouvir falar das maravilhas de Jesus Cristo, escuta, admira e cala-se.

Um pouco mais adiante, ele olha estupefato para essa obscuridade de Nazaré, que, mais tarde, fascinará o Padre de Foucauld:

Pois, enfim, não recearei dizê-lo: Meu Salvador, eu vos conheço melhor na cruz e na vergonha de vosso suplício do que o faço nessa baixeza e nessa vida incógnita. Embora vosso corpo esteja completamente dilacerado, posto que vossa face esteja ensanguentada e que, longe de parecer Deus, vós não tendes sequer figura humana, no entanto, vós não me sois tão oculto, e vejo através de tantas nuvens algum reflexo de vossa grandeza, nessa constante resolução pela qual vós superais os maiores tormentos. Vossa dor tem dignidade, pois ela vos faz encontrar um adorador entre um dos companheiros de vosso suplício. Mas aqui nada vejo senão humilhação e nesse estado de aniquilamento um ancião tem razão de dizer que vós sois injurioso a vós mesmo: *"Adultus non gestit agnosci, sed contumeliosus insuper sibi est"* [Tornando-se adulto, nada faz para ser reconhecido, mas é até desprezível para si mesmo]. Ele é injurioso a si mesmo porque parece que nada faz, e que é inútil ao mundo. Mas ele não recusa essa ignomínia, ele deseja mesmo que essa injúria seja acrescentada a todas as outras que ele sofreu, contanto que, ao ocultar-se com José, com a venturosa Maria, ele nos ensine, por esse grande exemplo, que, se ele se mostrar um dia ao mundo, será pelo desejo de ser-nos útil, e para obedecer a seu Pai; que, de fato, toda a grandeza consiste em conformar-nos às ordens de Deus, da maneira que lhe agrade dispor de nós; e, por fim, que essa obscuridade que tanto tememos é tão ilustre e tão gloriosa que ela pode ser escolhida até mesmo por um Deus.

Uma só coisa resta fazer: aprender esses textos de cor e recitá-los. A gente nunca se cansa deles.

São Francisco de Sales e a assunção de José

Para São Francisco de Sales não havia dúvida alguma de que São José estava no céu de corpo e alma. Qualquer outro pensamento parecia-lhe rejeitável. Eis um extrato do último sermão que ele fez em vida sobre São José (na edição de Annecy, t. VI, p. 369-370):

Que nos resta mais a dizer, agora, senão que não devemos absolutamente duvidar que esse glorioso santo tenha mais crédito no céu, junto daquele que tanto o favoreceu a ponto de elevá-lo aí em corpo e alma; o que é tanto mais provável, que dele não dispomos de nenhuma relíquia aqui embaixo, na terra, e parece-me que ninguém pode duvidar dessa verdade; pois, como poderia recusar essa graça a São José, aquele que lhe fora obediente todo o tempo de sua vida?

Indubitavelmente, Nosso Senhor, descendo ao limbo, foi convencido por São José desta maneira: "Meu senhor, lembrai-vos, por favor, de que vós viestes do céu para a terra, eu vos recebi em minha casa, em minha família, e que desde que nascestes recebi-vos em meus braços. Agora que deveis ir para o céu, conduzi-me convosco: eu vos recebi em minha família; agora, recebei-me na vossa, visto que ides para lá...

Eu vos trouxe nos braços, agora me tomai nos vossos; e como cuidei de alimentar-vos e conduzir-vos durante o curso de vossa vida mortal, cuidai de conduzir-me para a vida imortal".

E se é verdade, o que devemos crer, que, em virtude do Santíssimo Sacramento que recebemos, nossos corpos ressuscitarão no dia do Julgamento, como poderíamos duvidar de que Nosso Senhor tenha feito subir ao céu, em corpo e alma, o glorioso São José, que teve a honra e a graça de carregá-lo tão frequentemente entre os braços abençoados, braços nos quais Nosso Senhor tanto se deleitava? Oh, quantos beijos lhe dava a boca abençoada, mui ternamente, a fim de recompensar, de alguma maneira, seu trabalho!

São José está, portanto, no céu em corpo e alma, sem dúvida. Oh, quão felizes seremos nós, se pudermos merecer participar em suas santas intercessões! Pois nada lhe será recusado, nem de Nossa Senhora, nem de seu Filho glorioso.

Ele obterá, se tivermos confiança nele, um santo progresso de todos os tipos de virtudes, mas especialmente daquelas que achamos que ele possuía em mais alto grau do que todas as outras, que são a santíssima pureza de corpo e de espírito, a amabilíssima virtude da humildade, a constância, a coragem e a perseverança; virtudes que nos tornarão vitoriosos sobre nossos inimigos nessa vida, e que nos farão merecer a graça de ir gozar na vida eterna as recompensas que estão preparadas para os que imitarem o exemplo que São José lhes deu nessa vida; recompensa que não será menor do que a felicidade eterna, na qual nós desfrutaremos da clara visão do Pai, do Filho e do Santo Espírito. Deus seja louvado!

3. A CONTRIBUIÇÃO DE BERNADETE

PIO IX E BERNADETE

Pio IX exerceu um papel central no desvelamento do mistério de São José, e disso ele tinha consciência. Morreu pacificado, como ele disse, porque conseguira fazer conhecer melhor este segredo do Pai. Bernadete Soubirous, entre os dias 7 de janeiro de 1844 e 16 de abril de 1879, emoldurava o pontificado tão importante daquele que é considerado o primeiro grande papa dos tempos modernos: ela veio ao mundo alguns meses antes que ele chegasse a Roma. Ela viveu alguns meses a mais que ele. Se fizermos, como em matemática, um "enquadramento" histórico, Bernadete é que engasta Pio IX!

Nada parecia dever relacionar esse pontífice, no coração dos tormentos da História, a essa religiosa, a mais pobre e a mais apagada que se possa imaginar. Contudo, Maria, depois José, em nome de Cristo, de quem tudo provém, no céu como na terra, vão dispor o contrário.

O que toca a Maria é conhecido: Pio IX ousará, após consultar os bispos do mundo inteiro, proclamar que Maria foi, desde o primeiro instante de sua concepção, preservada de todo pecado, até mesmo do original, pelo sangue de seu Filho. Essa questão, debatida havia séculos pelos maiores espíritos, encontra sua conclusão na proclamação do dogma do dia 8 de dezembro de 1854. Maria levará seu título, diante de Bernadete, em uma formulação bastante original, no dia 25 de março de 1858: "Eu sou a Imaculada Conceição", como se dissesse que ela não fora apenas "concebida" imaculada, mas que ela era também "concepção". Como se tivesse um papel ativo na geração dos cristãos. Como quer que seja, esse encontro perturbador entre Roma e Lourdes será, um dia, a ocasião de uma carta da pequena religiosa ao pontífice, realmente soberano, ainda que privado de seus Estados, no dia 17 de dezembro de 1876.[1]

O que diz respeito a José jamais foi estudado, por uma razão simples, já indicada a propósito do Concílio Vaticano II, bem no começo deste ensaio: o que concerne a José está, de forma geral, cuidadosamente escondido e não interessa particularmente.

Ora, talvez um dia se verá que tal postura de Bernadete é importante: no momento em que Pio IX faz sua grande proclamação sobre a glória de José, Patrono da Igreja universal, é o quarto aniversário da morte de Luísa Soubirous, morte que havia dado Maria por mãe a Bernadete. A morte do pai tão amado, Francisco Soubirous, sobrevirá três meses depois da proclamação romana, no dia 4 de março de 1871, o primeiro sábado do mês de José. Bernadete, que se encontra em Nevers há quatro anos e meio, compreende que José se torna seu pai.

Bernadete faz a profunda experiência de Jesus sobre a terra: os pais que Jesus amou, a quem ele quis obedecer

---

[1] O nome Soubirous significaria, de fato, "soberano"...

misteriosamente no momento de sua escolha decisiva, aos doze anos, tornam-se seus pais.

O papa de Roma e a humilde Lourdense se unem, como o apóstolo e o profeta, as duas colunas da Igreja, para mostrar aos cristãos uma direção, ensinar-lhes a ler os novos sinais.[2]

Esses sinais, quando observados de perto, desembocam na Sagrada Família, Sagrada Família onde a palavra veio, onde o Espírito Santo acostumou-se, como diz Santo Irineu, a viver em Jesus-homem. Tudo se passa como se Bernadete descobrisse progressivamente, durante os treze anos de sua vida em Nevers, os mesmos segredos que ela já vivia em Lourdes, sem os ter ainda compreendido plenamente: o Espírito Santo gosta de vir entre José e Maria, como o Filho de Deus feito homem fez, ele mesmo, experiência disso.

O ESPÍRITO DE NAZARÉ

Com efeito, o que toca tanto na vida de Bernadete, e nos fatos de Lourdes, é, antes de tudo, a extrema pobreza, na qual, progressivamente, havia caído aquela desafortunada família. Uma pobreza total, que evoca a de Belém. Uma pobreza que muito nos custa olhar, tanto horror desperta em nós: Bernadete parece respirar aí o Evangelho. É o dinheiro que a apavora; seu contato queima-a como um ferro em brasa! Tudo é pobre nela e ao redor dela: sua

---

[2] A respeito dos sinais de Lourdes e de suas implicações espirituais e pastorais, confira-se o excelente livro de André CABES, *Marie, chemin de source vive* (Le Chalet, 1986).

família, sua saúde, seus conhecimentos, seus meios... tudo é transparente, tudo é habitado pelo Espírito de Deus.

Nesse contexto é que o Senhor vai propor a essa pequena filha, a mais velha, duas imagens paternais que vão desempenhar, uma e outra, um grande papel: seu pai, Francisco, e o rochedo de Massabielle.

Francisco Soubirous é um homem inesquecível, desde o primeiro olhar: casou-se, por amor, com a irmã da herdeira que lhe era proposta, herdeira do engenho de Boly. É um iletrado que o amor guia como que instintivamente. Ele é moendeiro. Ele trabalha, mas, em razão de diversas circunstâncias, cai rapidamente em dificuldades, a seguir na miséria. Deve refugiar-se no "Calabouço", a antiga prisão, considerada insalubre, que funciona como habitação para a família de seis pessoas no momento das aparições.[3]

Apesar das duríssimas condições, da desconfiança que sua pobreza desperta e que o fará ser jogado na prisão, ele mantém a dignidade. O amor que ele experimenta por sua esposa e por seus filhos (de modo especial por sua filha mais velha), sua fé humilde, a coragem de cada um, impedirão que essa pobre família sucumba na degradação, na mendicidade, na delinquência. Secretamente, Francisco presidia um lar onde crescia este ser transparente, Bernadete, cuja vida rigorosa, amante, corajosa, evoca o que pode ter sido, sobre a terra, a vida da Mãe de Deus.

---

[3] Os peregrinos ficam fortemente impressionados com a visita ao *Calabouço*. É um lugar que os surpreende, onde Deus lhes fala. Um lugar de conversão.

O rochedo de Massabielle, hoje em dia venerado pelos peregrinos do mundo inteiro, não era lá muito considerado em 1858. Ao contrário, era "o abrigo dos porcos", um tipo de refúgio, infectado pelos porcos do povoado, que o caseiro Sansão levava todos os dias para pastorear. Se Bernadete e seus dois companheiros tinham ido a esse rincão mal-afamado, lugar de encontros clandestinos, onde os dejetos terminavam carregados pelo rio Gave, é que lá, pelo menos, não seriam tratados como ladrões se eles ajuntassem um pouco de lenha ou de ossos...

No entanto, o Senhor escolherá Francisco Soubirous e o rochedo de Massabielle para grandes coisas.

Francisco será o pai "bem-amado", o ser predileto de Bernadete sobre a terra. Como veremos, ele introduzirá Bernadete diretamente nessa compreensão tão rara do mistério de José.

Quanto ao rochedo, uma vez que terá sido tocado pelo vento da primeira aparição, iluminado pela luz vinda do céu, ele será como que transfigurado: tornar-se-á como o símbolo bíblico, todo paternal, da força, da fidelidade, da proteção, da iniciação ao mistério que ele parece ocultar, como a água de uma fonte.

"Tu és meu pai, meu Deus, meu rochedo, meu salvador!", exclama o salmista (Sl 89[88],27). Bernadete dirá somente, em sua carta do dia 20 de julho de 1866, alguns dias depois de sua chegada a Nevers, ao pedir orações: "[...] sobretudo quando fordes à Gruta. Lá é que me encontrareis em espírito, colada ao pé desse rochedo que tanto amo".

OS PÉS E AS MÃOS

Maria, em Lourdes, faz Bernadete entrar nesse clima tão particular da Sagrada Família que é o da pobreza, do silêncio, do trabalho humilde; ao mesmo tempo, porém, da paz, da alegria e de uma espantosa fecundidade: o ambiente onde Jesus se formou longamente, em companhia de Maria.

Tudo se passa como se José se traduzisse através desse misterioso silêncio que acompanha a maior parte das aparições. As palavras de Maria são breves e raras: Bernadete percebe-as não em seus ouvidos, mas em seu coração.

Ela traduz o que compreende no nível dos pés e das mãos. As testemunhas não se cansarão de contemplar a graça de Bernadete: "Quem te ensinou a saudar tão bem?" – indaga uma instrutora. As crianças da escola não mais esquecerão o sinal da cruz que Maria ensinou silenciosamente a Bernadete, na primeira aparição, e que ela refaz diante deles. Da mesma forma, os pés parecem obedecer a uma força misteriosa, por exemplo, nesse dia 22 de fevereiro, quando, por obediência, ela vai à escola, mas rodopia no lugar e se põe a deslizar pelo caminho rumo à gruta, onde, aliás, não acontecerá mais o encontro com a Senhora...

É pelos pés e pelas mãos que Jesus, aos doze anos, traduzirá, sem nada mais dizer, a vontade do Pai eterno, tal como a entrevê através das palavras de Maria: "[...] Olha, teu pai e eu estávamos, angustiados, à tua procura!" (Lc 2,48).

Bernadete vive intensamente todos os tipos de gestos que ela empregará toda a sua vida para compreender bem.

O cume dessa misteriosa admoestação da Rainha dos anjos é atingido no dia 25 de fevereiro de 1858, no próprio coração dessas aparições: é a nona das dezoito, e o centro exato da quinzena que Maria havia proposto, tão graciosamente, à pequena vidente. Não haverá senão treze aparições durante essa quinzena, e a do dia 25 de fevereiro é a sétima. Esta data marca uma reviravolta:[4] Bernadete, tão admirada até então, cobre-se de lama, atira-se como uma louca dentro da caverna suja, come capim, bebe água suja... "Dir-se-ia que ela carregava todas as dores do mundo", diz uma testemunha.

Bernadete, a seu modo, reconta a Paixão do Senhor, com todo o seu ser. Ela aceita, na quarta tentativa, beber água suja, que extraiu escavando com as mãos, como Jesus vai beber o cálice que seu Pai lhe propõe, não sem pavor (Mt 26,42). Ela está como que desfigurada, ridicularizada, como o Filho do Homem.

Mas uma fonte vai jorrar, na terra como no céu...

A peregrinação vai começar: já não é mais a curiosidade, mas o fervor que se observa nos fiéis a partir dessa data. A grande revelação do dia 25 de março, dia da Anunciação, torna-se possível. Na Quarta-Feira de Páscoa, dia de sua morte, vinte e um anos mais tarde, a chama lambe longamente o dedo de Bernadete sem o queimar, não mais do que a morte tocará seu corpo.

---

[4] Ninguém compreendeu e explicou melhor todos os símbolos dessa aparição do que Padre BORDES, *Lourdes, sur les pas de Bernadette* (p. 16-17).

No dia 16 de julho, cem dias mais tarde, dá-se a última aparição, igualmente silenciosa, como José, nesse dia de Nossa Senhora do Monte Carmelo que evoca inefavelmente o profeta Elias, o maior profeta do Antigo Testamento, o profeta do monte Carmelo. Ele havia lutado, também como pessoa, contra o pecado, arriscando sua vida. Sua oração silenciosa inspirou os primeiros carmelos, vinte séculos depois dele, sobre os mesmos lugares, por ocasião das Cruzadas. Dessa maneira, nascia, no século XVI, a Ordem de São José. As aparições de Lourdes terminam nesse clima do Carmelo, assim como haviam começado em uma gruta e em uma lufada de vento, exatamente como na visão de Elias, visitado por Deus no Horeb, no coração de sua missão.[5]

Mas nada acabou, ao contrário. Maria fará Bernadete percorrer um itinerário revelador, como ela ajudara Jesus, aos doze anos, a perfazer o seu.

A GRANDE RUPTURA

É no dia 4 de abril de 1864, depois da missa, que Bernadete fala pela primeira vez de sua vocação como irmã de Nevers. Ela tem vinte anos e pensa, já há algum tempo, em doar-se a Deus. Inicialmente, pensara nas carmelitas, mas sua saúde não lhe permitira. O que ela deseja, como dirá claramente no dia em que vestiu o hábito em Nevers, no

---

[5] Pensou-se em construir um Carmelo sobre o prado da última aparição. Ele se abrirá dezoito anos, dia após dia, depois de 16 de julho de 1876.

dia 29 de julho de 1866, é "esconder-se": "Vim aqui para esconder-me".

A partida para Nevers, após o adeus definitivo a seus pais, que ela não mais verá, bem como a seu círculo de pessoas queridas e de montanhas, acontecerá na quarta-feira, dia 4 de julho de 1866, de manhã. Ela tem vinte e dois anos e, na ocasião, vive "o maior sacrifício de sua vida", como dirá. É, realmente, a morte do pequeno grão de trigo caído na terra.

Ela chega a Nevers para uma nova vida no sábado, 7 de julho, dia sete do sétimo mês, como diria a Bíblia. Ela contará uma única vez as aparições, no domingo, dia oito, depois receberá a ordem de calar-se. Uma pequena cena dessa época revela um percurso oculto nesse coração humilde tão habitado e dirigido por esses três segredos jamais revelados. Uma irmã a surpreende fazendo uma novena à Virgem Maria ajoelhada diante de uma estátua de São José:

— Você se distraiu...
— A Santa Virgem e São José estão perfeitamente de acordo e, no céu, não há inveja...[6]

Admirável palavra, em sua simplicidade, que junta, enfim, o que Deus uniu e que nós separamos sem cessar!

Ela retomará a mesma ideia, seis anos mais tarde, em uma carta do dia 3 de abril de 1872 à Madre Alexandrine

---

[6] LAURENTIN, R. *Logia de Bernadette*. t. 1, p. 142. Este precioso estudo reuniu em três tomos toda as palavras de Bernadete que foram referidas.

Roques, em que explica que, tendo consagrado o mês de São José a pedir a cura da madre-geral, não foi atendida... quando Maria intervém: "Não gostaria, porém, de magoar São José, a quem muito amo, mas, no céu, ninguém se entristece!".[7]

Irmã Vincent Garros, sua compatriota, recorda-se da confiança com que ela pedia a esse santo "a graça de amar Jesus e Maria como eles querem ser amados",[8] como se o Espírito Santo lhe tivesse justamente confiado esse importante segredo. Com efeito, no começo de sua vida religiosa, São José é, inicialmente, o "Patrono da Boa Morte", como era comum naquela época. É assim que ela escreve à sua irmã Maria, depois da Quaresma, a partir do momento em que pôde fazê-lo, em 16 de abril de 1868, a fim de evocar, com atraso, a festa de seu cunhado, José: "Pedi sobretudo a São José para torná-lo um cristão fervoroso. Supliquei-lhe igualmente a graça de uma santa morte para todos".[9]

Bernadete acabara de viver uma grande ruptura. A primeira adaptação a essa nova vida fora dura. O sentido profundo do que vive vai revelar-se por ocasião da morte de seu pai, Francisco, no dia 4 de março de 1871. Com esse ser tão amado é todo um mundo que desaparece definitivamente. Sua mãe morrera no dia 8 de dezembro de 1866, dia da Imaculada, no momento mesmo em que, pela primeira vez, cantavam-se as vésperas da festa na cripta totalmente nova, inaugurada alguns meses antes. Ela amava

---

[7]   RAVIER, A. *Les écrits de sainte Bernadette.* p. 296.

[8]   LAURENTIN, *Logia de Bernadette*, t. 1, p. 379.

[9]   RAVIER, *Les écrits de sainte Bernadette*, p. 268.

muito sua mãe, mas seu pai era "o que ela possuía de mais caro no mundo". Todo o mundo de sua infância desmoronava com ele e, ao mesmo tempo, doravante, era ela a mais velha, que se achava investida da autoridade de seu amado desaparecido. Ela intervirá, a miúdo vigorosamente, nas dificuldades familiares.

A DESCOBERTA

Doravante, para grande espanto de suas companheiras que não compreenderam bem o que estava acontecendo, Bernadete, a menina privilegiada de Maria, como se gostava de dizer, vai compreender que José é seu pai. Ela vive essa descoberta em profundidade e, pouco a pouco, termina por assumir publicamente. No mês de agosto de 1872, no mesmo momento em que seu humilde contemporâneo, Irmão André, no Canadá, conseguiu por ser admitido na congregação devotada a São José, ela faz suas confidências, um belo dia, à enfermeira:

— Seja bem prudente vou fazer uma visita a meu pai...
— Seu pai?
— Você não sabe, então, que, agora, meu pai é José?[10]

Maria fez-lhe entrever os segredos que ela estava encarregada de revelar a Jesus, um segredo envolto pelo silêncio e pela noite. Em vez de opor aquele a quem ela chama *meu Pai* ao carpinteiro de Nazaré, à soleira de sua adolescência consciente, Jesus teve de lê-los no mesmo olhar. Em

---

[10] LAURENTIN, *Logia de Bernadette*, t. 1, p. 420.

lugar de sentir seu pai desaparecer no passado, Bernadete reencontra-o em José. De agora em diante, dirá ela (este "agora" tem, com efeito, muito peso, é um novo umbral que ela cruzou): "Ele é meu pai e patrono da boa morte". Essa associação é simplesmente notável. É eminentemente trabalho do pai o de nos ajudar a assumir uma morte indispensável à vida. Jesus aos doze anos, Bernadete aos vinte e dois, ambos viveram, graças a Maria, o que poderíamos chamar de "a partida de Abraão", ou de a noiva do Rei, no Sl 45(44), convidada, ela também, a deixar seu país e a casa de seu pai. E isso se passa à Sombra do Pai, que é esta maravilhosa personagem, tão potente quanto desvanecida, à maneira do Espírito Santo. Nele é que Bernadete veio esconder-se.

A partir de agora, José assume visivelmente o primeiro lugar nas amizades celestes. Ele está à frente de uma trilogia, por exemplo, onde figuram São Luis Gonzaga e Santo Estanislau Koska. Ele está ligado sobretudo à vida da Sagrada Família, que assume, para Bernadete, uma importância de primeiro plano. A Sagrada Família é, com o jardim das Oliveiras, como ela diz, um lugar "de Amor puro": "Aqui embaixo o Amor não se vive sem a dor".[11] Esses dois lugares estão em correlação perfeita, mas, se para Jesus o primeiro é a condição do segundo, para Bernadete (portanto para nós) o segundo é a condição do primeiro. Porque Jesus morreu na cruz é que podemos esperar saborear algo da extraordinária Sagrada Família. Bernadete compreendeu que, para Jesus, o trajeto vai da

---

[11] Ibid., p. 345.

Transfiguração à cruz, mas que, para nós, a cruz permite-nos olhar para a Transfiguração.[12]

A seu pequeno diário pessoal, começado em outubro de 1873, ela segreda:

> Ó Maria Imaculada, ó glorioso José! E vós, São João, discípulo bem-amado do Divino Coração, ensinai-me a grande ciência do Amor [...] Que importa que nada apareça por fora, desde que eu imite Jesus e que esteja no seio de Maria, como Jesus, que eu aceite alegremente as privações, os sofrimentos, as humilhações, como Jesus, Maria, José, para glorificar a Deus.[13]

Ela compreendeu, nas palavras dos pregadores, mas, acima de tudo, através de sua íntima experiência, a lei do crescimento espiritual, que é como a especialidade da autoridade ("o que faz crescer") do mestre da Sagrada Família: "Para que Jesus cresça... é preciso que eu diminua. Ele crescerá à medida que eu diminuir... se não diminuo, impeço-o de crescer!".[14]

Tudo está resumido na admirável palavra que abre o pequeno diário, como a senha da Sagrada Família: "Aquilo que me interessa não me interessa mais. De agora em

---

[12] "[...] se, do Tabor, é preciso ir ao Calvário, do Calvário é preciso ir ao Tabor, com Jesus. Lá se tem uma antecipação do céu. A alma percorre apenas um caminho, do Gólgota ao Tabor. Ela sai do Gólgota para ir em busca da força e da coragem no Tabor. A vida é essa escada." *Carnet*. 1873.

[13] RAVIER, *Les écrits de sainte Bernadette*, p. 369.

[14] Ibid., p. 366.

diante, devo pertencer inteiramente a Deus e a Deus somente, jamais a mim mesma".[15]

Teria sido previsto? O mestre de oração de Bernadete, em sua maturidade, é o mesmo de Santa Teresa d'Ávila, doutora da Igreja: é São José, aquele que o Pai havia escolhido para comunicar, com seu próprio Filho e com Maria, sua Mãe: "Aquele que não tem um mestre na oração, assuma este glorioso santo como guia, e não correrá o risco de extraviar-se [...]" (*Vida*, cap. 6). "Quando a gente não sabe rezar", diz Bernadete, "dirige-se a São José."[16] E ela passava horas no fundo do jardim, na pequena capela consagrada a ele. As pessoas se perguntavam o que ela poderia estar fazendo ali... As pessoas não ousavam interrogá-la muito: "Reza-se bem, nesta capela – Oh, sim... Vou até lá sempre que posso...". Essa capela fê-la reencontrar a Gruta. Ela vai exercer uma nova função, na história que estamos decifrando, de um modo que se revelará humorístico, tanto a Providência se comprouve em tudo disfarçar, a seu bel-prazer.

MORTE E SEPULTAMENTO

Logo que Bernadete pressente chegar a morte, esgotada, acabrunhada por dores físicas e espirituais, ela reúne todas as forças para pedir a "seu pai", em 19 de março de 1879, a graça de uma boa morte. O Abade Fabre, capelão do convento, fica comovido com a força que ela ainda encontra para fazer esse pedido. Ela não reza para ser curada

---

[15] Ibid., p. 343.

[16] LAURENTIN, *Logia de Bernadette*, t. 1, p. 379.

ou conhecer uma mitigação de seus sofrimentos, mas para ter a coragem de suportar até o fim.

É seu último 19 de março, que cai em uma quarta-feira. Ela sempre observou a festa de seu santo predileto com o maior cuidado: uma pequenina estátua e velas minúsculas pareciam sublinhar, por contraste, a extrema grandeza da personagem. "O que a Igreja possui de mais ilustre é o que ela tem de mais oculto", dissera Bossuet ao falar dele.

O Senhor virá buscá-la depois da mais comovente e da mais simples das agonias, na mais bela quarta-feira do ano, a quarta-feira de Páscoa de 1879, dia 16 de abril. Deve-se retardar o sepultamento, tão grande é a afluência daqueles que desejam vê-la pela última vez. Ela será sepultada, gloriosamente, no decorrer de uma cerimônia que evocava uma festa, no Sábado de Páscoa, 19 de abril, um mês após a festa de São José. Reencontramos a alternância de sua partida de Lourdes, entre a quarta-feira e o sábado, como se José se encarregasse da morte e Maria, da vida, nesse lindo Sábado de Páscoa. Naquele dia, o corpo de Bernadete foi colocado na capelinha de São José, onde ela tanto rezara.

Onde será enterrada? Rapidamente, descarta-se a ideia de colocá-la no cemitério das religiosas, pois ela vira a Santa Virgem, era a filha privilegiada da Imaculada. Cogitou-se encontrar-lhe um lugar no jardim, com a autorização do senhor prefeito de Nevers. No entanto, essa autorização demorou. Julgou-se conveniente enviar uma delegação ao Ministério do Interior em Paris, o qual declarou não ter competência para tal. Por fim, o prefeito de Nevers decide-se a autorizar o sepultamento onde se queria, mas, entrementes, a superiora mudara de ideia. No final das contas, por que não deixá-la na capela de São José? Ao longo do mês de maio de 1879, tudo está pronto; arranjou-se um jazigo, recoberto com uma bela pedra tumular. Lá é que se colocou o corpo de Bernadete.

Alguns anos mais tarde, a superiora-geral, Maria Teresa Vauzou, que se opusera a todos os trabalhos concernentes à beatificação de Bernadete ("Esperem até que eu morra!", dissera), apagou-se em Lourdes e, imediatamente, constitui-se uma comissão de sondagem à qual os influentes homens da Igreja eram favoráveis. Assim é que se foi abrir o jazigo para examinar, como é costume, o estado do corpo. Corria o ano de 1909: fazia trinta anos que Bernadete fora enterrada. Tudo se havia corrompido, menos o corpo de Bernadete, que se pôde lavar, vestir de novo e recolocar em seu esconderijo durante dezesseis anos.

Trinta anos! A duração da vida oculta de Jesus à sombra de José! Dali ele saiu tão radiante que os primeiros discípulos tinham abandonado João Batista, o maior dos profetas, para segui-lo, sem terem visto o menor sinal; o povo maravilha-se de sua sabedoria, ele, o filho do carpinteiro; o Pai eterno havia-o proclamado seu Filho bem-amado, objeto de todo o seu amor, durante seu Batismo.

O que é espantoso é que essa capelinha, que é como o pingente misterioso da gruta de Lourdes, desaparecerá no mesmo dia. Como lugar de aparição, a gruta é abolida no dia 16 de julho, dia de Nossa Senhora do Monte Carmelo. É no dia 16 de julho de 1944 que a capelinha será explodida por um bombardeio: dela nada restará senão a pedra tumular de Bernadete, reencontrada intacta um pouco mais distante.

Pio XI canoniza Bernadete no dia 8 de dezembro de 1933, dia que evocava, ao mesmo tempo, naquele ano, a Festa da Imaculada, vinda a Lourdes ao encontro dos pecadores, e o décimo nono centenário da Redenção.

A CONTRIBUIÇÃO DE BERNADETE

O que Bernadete traz, definitivamente, é a simplicidade. Uma contribuição particularmente incômoda e difícil de ser acolhida por pessoas complicadas como nós. Deus é simples e ele conseguiu dizê-lo, de maneira excepcional, através de Bernadete.

Ela nos obriga a fazer uma viagem que é a sua, que é a dos trinta anos de formação de Jesus: tudo começa na extrema pobreza da manjedoura, realizada aqui no *Calabouço*. Os anjos aparecem em liberdade, advertindo os pastores e permitindo a aparição da Rainha deles à filhinha. O mundo inteiro mudou-se: os magos se deslocam; as mais altas autoridades do país se agitam por causa das aparições. Jesus dá-se a conhecer, no templo, através de Simeão, é descoberto pelos doutores quando de sua breve aparição, aos doze anos; Bernadete é reconhecida pela Igreja como verdadeira vidente; ela desperta o interesse dos teólogos.

A seguir, dá-se a terrível ruptura: Jesus e Bernadete, advertidos por Maria, através de quem o Espírito Santo se exprime, devem abandonar seus respectivos países e "a casa de seus pais", como os grandes vocacionados da

Bíblia. Ambos descem à mais negra obscuridade, com uma coragem silenciosa, perfeitamente incompreensível sob o plano humano. "Lá, onde a inteligência não mais enxerga", como diz Ruysbroeck, "o amor continua e entra...". Onde eles se recolhem? Na casa de José. É na casa de José, como Jesus, que Bernadete se reencontra em Nevers. Dentro de sua capela é que ela respira. José é quem protege sua filhinha querida contra os ataques do Maligno e das mordidas da Morte... É precisamente o percurso feito por Teresa d'Ávila três séculos antes: é Maria quem acolhe Teresa em sua ordem venerável; a seguir, depois de terríveis provações, ela faz sua filha compreender que foi José quem a subtraiu à morte, ela a incentiva a amar e favorece, assim, diretamente o nascimento dessa maravilha que vai transformar o mundo, São José d'Ávila.

A Igreja deve fazer esta viagem que a conduz do templo que ela construiu para si à casa que Deus fez para ela, como Natã prometeu a Davi (1Cr 17,10), ou seja, a verdadeira via interior, a da Sagrada Família. Trajeto impossível sem esta morte em Jesus, da qual José é especialista, esta conversão total que ele teve de viver para ser o esposo de Maria e o pai dessa Criança.

Bernadete, filha de Francisco e de Luísa Soubirous, depois de uma infância tão pobre quanto maravilhosa, urdida pelo amor verdadeiro, pelas montanhas, pelo rio Gave, pelo céu das aparições, era capaz de fazer a aprendizagem dessa morte de si mesma, que, um pouco mais tarde, uma Teresa do Menino Jesus ou uma Isabel da Trindade conhecerão. Mas quem é mais simples do que ela? Quem escapa mais perfeitamente desse desejo de se reencontrar um pouco a não ser, acima de tudo, em escritos? "Aquilo que me interessa não me interessa mais. De agora em diante, devo pertencer inteiramente a Deus e a Deus somente, jamais a mim mesma."

Por que Lourdes é um tipo de terra franca, um espaço e um tempo privilegiados para tantos peregrinos vindos do mundo inteiro, dentre os quais alguns são crentes recentes, bem pobres praticantes? Por que tantos corações se abrem para contar ao sacerdote o que não se ousa dizer sempre a si mesmo? Por que todas essas descobertas, esses encontros, esses apaziguamentos, esse pôr-se em marcha, muitas vezes definitivo?

Por que o doente, o pobre é, aqui, o rei? Por que tanta dedicação, tanta caridade criativa? Por que tanta alegria?

Certamente, existem as aparições, o rochedo, a água, os santuários, as montanhas, as árvores, as multidões variegadas, as procissões. Mas existe, acima de tudo, um trajeto desconhecido, que Maria faz Bernadete percorrer claramente, que ela faz muitos percorrerem secretamente: Maria faz com que os cristãos tomem o caminho da Sagrada Família, lá onde se vive o Evangelho em plenitude. Lourdes é, em seu coração, a terra de José, onde nós conhecemos, de passagem, o que gostaríamos de viver sempre.

Considerada em toda a sua dimensão, Bernadete vem ajudar Maria no trabalho tão particular que acabamos de descrever. É uma operação delicada, pois muitos aspectos, em nós, protestam vigorosamente: ser cidadão da Sagrada Família supõe uma fé plena de confiança, à moda de uma criança, contra as pretensões ou os temores da mera razão humana. Como compreender, por outro lado, o apelo evangélico para a pobreza sem cair na ingenuidade, na imprudência, no irrealismo? Como compreender uma verdadeira devoção marial? Como conjugar as necessidades profissionais ou familiares, ou determinado apelo particular, com as exigências entrevistas de maneira tão radical no Evangelho, a exemplo de Santa Bernadete?

Ao que parece, nisso é que a contribuição de Bernadete é a mais original. Ninguém, mais do que ela, teve o senso de seus limites, de sua nulidade, ao mesmo tempo que compreendia que ela era profundamente amada por Deus e, ponto central, perfeitamente enquadrada por Maria e José.

Quanto mais chegamos a imitá-la nesse ponto preciso, bastante original, tanto mais daremos forma concreta a essa "parentela" espiritual, mais atingiremos sua experiência: a dos santos, a de Jesus, levada até o fim de sua missão, para além das piores provações, pelo Espírito de amor, o Espírito de seu Pai, seu Espírito. A fidelidade corajosa de uma Bernadete, tão simples, tão bela, é uma incomparável Palavra de Deus, para cada um de nós.

As duas portas dos santuários

Na mesma linha do que acabamos de dizer, gostaria de chamar a atenção para a escolha, a um tempo simples e iluminada, que presidiu o patrocínio de cada uma das portas dos santuários de Lourdes.

Para aqueles que não sabem ou que ainda não tenham notado, entra-se no santuário de Lourdes descendo-se a alameda da Gruta, percorrendo-se a ponte do Gave e atravessando-se a majestosa porta São Miguel, no eixo da basílica.

Com efeito, dada a disposição da cidade e dos acessos, o povo cristão geralmente emprega a entrada lateral, mais cômoda, confiada à guarda de São José, representado sobre um pedestal com o Menino Jesus em seus braços. Muitos não reparam nele...

Reproduzo aqui um artigo que publiquei no *Jornal da Gruta,* de 19 de março de 1985.

Por que se nominaram as duas portas dos santuários São Miguel e São José? Os responsáveis de antigamente tinham, sem dúvida, suas razões. Miguel é o chefe dos anjos, de quem Maria é a Rainha; José é o companheiro terreno da Mãe de Deus. Como tais, estão intimamente associados *àquela* que escolheu esta localização sob os conselhos do Altíssimo, e devem, por conseguinte, presidir-lhe o acesso.

Ao que parece, há uma razão bem mais profunda que o desvelamento progressivo do mistério de José (desvelamento que está apenas no começo) tornará mais claro, como por meio de experimentação: é o misterioso paralelismo, no céu e na terra, das ações de Miguel e de José.

A tarefa de Miguel, tão forte, tão grandiosa, é descrita no Apocalipse (Ap 12,7-10):

Houve então uma batalha no céu:
Miguel e seus anjos guerrearam contra o Dragão.
O Dragão lutou, juntamente com os seus anjos,
mas foi derrotado; e eles perderam seu lugar no céu.
Assim foi expulso o grande Dragão,

a antiga Serpente, que é chamado Diabo e Satanás,
o sedutor do mundo inteiro.
Ele foi expulso para a terra,
e os seus anjos foram expulsos com ele.

A missão de José exerce-se não mais no céu, mas sobre a terra, exatamente no mesmo sentido, mas com procedimentos que parecem invertidos: aqui, tudo é simples, ao rés do chão, comum, ordinário, às vistas humanas. Ele pode ocultar a Encarnação porque ele próprio passa completamente inadvertido. Não é enfrentando o Mal com a força que ele vai triunfar, como São Miguel, mas esquivando-se dele com agilidade, fugindo para o Egito, como a pequena serpente ao pressentir o perigo, conforme o exemplo que Jesus apresentará a seus discípulos (Mt 10,16). Um dia, São João da Cruz explicará, em *A chama viva de amor*, que às vezes é preciso assemelhar-se ao Inimigo, assumindo a forma de serpente para melhor escapar-lhe!

A fortaleza inexpugnável aonde Deus, o Pai, conduzirá seu Filho bem-amado, seu Unigênito, é o alojamento obscuro desse carpinteiro. Ali é que se encontrarão todos os anjos de Deus para servi-lo, sem que qualquer sopro de Satã o toque.

E dizer que poderíamos, também nós, se quiséssemos, aprender a decifrar, a cada instante de nossa vida, os segredos dessas duas portas, de modo a entrar livremente nesse espaço incomparável!

4. A DESCIDA DE JESUS

O DESEJO DE MARIA?

Tudo o que dissemos até o momento baseia-se na história da Espiritualidade. Lenta, mas fortemente, a Igreja adquire uma certeza: José é grande, Deus confiou-lhe responsabilidades consideráveis, pressentidas pelo Papa Pio IX. Ao mesmo tempo, porém, tudo acontece mui frequentemente como se tal conhecimento oficial não tivesse consequências práticas: José é praticamente desconhecido. No entanto, não podemos duvidar de sua ação. Depois de Teresa d'Ávila ou de Padre Olier, Bernadete acaba de nos fazer um tipo de demonstração.

Quando se reflete sobre os acontecimentos de Lourdes como acabamos de fazer, chega-se a um tipo de convicção: Maria gostaria que seu Esposo fosse mais conhecido. Ela havia dito a Santa Teresa como sua devoção a José lhe proporcionaria alegria. Ela exprime-se de maneira idêntica junto a Padre Olier: "A Santíssima Virgem me deu este grande santo como patrono, assegurando-me que ele o era das almas ocultas, acrescentando, dele, as seguintes palavras: 'Nada tenho de mais caro no céu e na terra depois de meu Filho'". Por outro lado, Padre Olier reconhece-o: "É um santo que Deus quis manter oculto durante sua vida, para o qual ele reservou somente as ocupações interiores, sem as partilhar com os cuidados exteriores da Igreja, um santo que Deus manifestou no fundo dos corações e cuja veneração ele próprio imprimiu no interior das almas".

Na vida de Bernadete, tudo se passa como se, secretamente, Maria tivesse feito com que sua confidente predileta – preparada entre todas mediante uma pobreza radical e pelo lar que a viu nascer – compreendesse a importância particular daquele que deve permanecer oculto. Os três segredos de Bernadete, dentre os quais a oração que Maria lhe havia ensinado, iam em direção à Sagrada Família?

Como quer que seja, Maria, em Lourdes e em Nevers, abre um caminho original através da própria Bernadete. Mas, assim como Maria quis que Bernadete fosse como um profeta desconcertante de um itinerário desconhecido, o Pai eterno quis que Maria ajudasse Jesus, este Filho que é filho dos dois, a assumir, ele também, um caminho desconcertador. É o que São Lucas narra na cena do templo, no capítulo 2 de seu Evangelho. Supliquemos ao Senhor que nos esclareça essas difíceis questões.

Começamos a quarta etapa de nosso trabalho, atravessamos um umbral. Deixamos a história e o pensamento dos santos para começar a arriscar-nos, nós próprios, sobre os passos de Jesus. É delicado falar de Cristo, sobretudo de Cristo criança: que sabia ele, ele que era Deus e que era homem? Sem dúvida ele aprendia. Santo Tomás de Aquino empenhou toda a sua genialidade e seu imenso trabalho para descobrir que Jesus deveras aprendeu. Não é paradoxal pensar que, visto que ele era o Criador de seus pais e a Fonte da santidade deles, ele tivesse algo a receber da parte deles? De um lado, como podia ser verdadeiramente homem se não crescesse com a idade, progredindo, como o Evangelho sublinha expressamente?[1]

Se, realmente, como creio, a Virgem Maria quer que nosso tempo descubra aquele que ela designa como pai de Jesus, no grandioso momento de seus doze anos, é preciso que ela venha em nosso socorro. "[...] O Espírito Santo descerá sobre ti, [...]" (Lc 1,35), havia prometido o anjo... Que ela nos ajude a recebê-lo!

Santa Teresa d'Ávila rezou longamente ao Espírito Santo antes de começar a redigir a quarta Morada de seu *Castelo interior*, por razões que são exatamente as nossas: "O que vou dizer agora começa a ser sobrenatural". Abandonamos os costumes humanos, o domínio conhecido, descemos a Nazaré. Diante da quarta Morada, o homem é um adulto que decide e faz o que pode, com a ajuda de Deus: ele progride e torna-se um ser sério, diligente, piedoso, devotado... A seguir, sobrevém um tipo de provação profunda, um questionamento fundamental que parece lançar tudo por terra. Uma desestabilização das mais desconcertantes... Um tipo de morte!

O que se sucede é diferente. As descobertas e o estilo da oração tornam-se de tal maneira novos que é indispensável

---

[1] O grande filósofo Maurice Blondel meditava constantemente o mistério do crescimento de Cristo, o crescimento de sua consciência que supõe obscuridades, esforços, descobertas... É aí que Cristo se junta a nós, que nós nos unimos a ele. "O crescimento de Jesus, este tema fundamental do Evangelho da infância em Lucas, não é, nesta existência, uma aventura superficial ou marginal; ela está no próprio coração do modo pelo qual Jesus vive sua experiência de Filho de Deus". GUILLET, J. *Jésus devant sa vie et sa mort*. Aubier, 1971. p. 57.

fazer-se ajudar: o que é certo é que frutos espirituais, também eles novos, começam a aparecer. O adulto aprende a tornar-se uma criança, no sentido em que Jesus nos convida, no Evangelho. É um aspecto dessa conversão que tanto alegra os anjos de Deus.

A DESCIDA

Jesus é o santo de Deus. Portanto, não tem necessidade de conversão. Contudo, ele quis conhecer as escolhas angustiantes, como se fosse convidado a querer, a escolher, com sua vontade de homem, a vontade do Pai.[2]

A primeira vez que vemos esse tipo de conflito acontecer na vida de Jesus é por ocasião de sua viagem ao templo, aos doze anos de idade. Ele havia subido ao templo, na cidade de Davi, seu ancestral, pela mão de José. À *Casa de seu Pai*, como dirá. Estava com doze anos, ou seja, juridicamente encontrava-se no limiar da plena consciência, que permitia aos responsáveis declará-lo um dos seus, "Filho da lei" (*bar-mitzva*). Jesus prepara-se para assumir suas plenas responsabilidades. No entanto, acontece um incidente surpreendente, e o que estudamos precedentemente permite, ao que parece, compreendê-lo melhor.[3]

---

[2] São Máximo, o Confessor, morreu martirizado, em 662, por defender a verdade da existência de uma vontade humana em Cristo, ao mesmo tempo que uma vontade divina, em uma única pessoa plenamente divina e plenamente humana.

[3] Escreveu-se bastante a respeito desta cena de São Lucas: LAURENTIN, R. *Jésus au temple*. Gabalda, 1966. *Les evangiles de l'enfance*. D.D.B, 1982. ARON, R. *Les années obscures de Jésus*. Grasset, 1966.

Jesus sabe que ele é o filho do Pai eterno. Ele sabe que é o filho da Virgem Maria. Ele sabe que essa mulher é habitada pelo Espírito que a ele próprio habita plenamente.

Ele sabe também que José desempenhou o papel de pai: dele é que recebeu o duplo alimento que lhe permitiu crescer: o pão dos homens e a Palavra de Deus, de que o pai era o responsável em uma família judaica; o pão e a Palavra de que falava o velho texto do Deuteronômio (no capítulo 8), que Jesus oporá, um dia, ao Tentador, no deserto: o alimento profundo do ser humano, *o pão cotidiano* que vem do Pai. Coube a José o encargo desse duplo pão, assim como da inserção humana de Jesus na família dos reis de Judá: por meio dele é que Jesus é filho de Davi.

José encarregou-se de traduzir paternalmente o amor do Todo-Poderoso por seu Filho, de velar sobre ele, de arrancá-lo à morte quando foi ameaçado. Ele é que iniciará Jesus no trabalho, no contato com o concreto, com o realismo que impregna tudo em Nazaré, até mesmo a língua aramaica: "Todo vocábulo semítico está ligado às duas realidades concretas da boca que o pronuncia, e do objeto que ele designa, ligado à carne e à matéria".[4]

Tal mundo é o da realidade visível e invisível: os anjos não são seres abstratos para os judeus; ele são, a seu modo, tão reais quanto a madeira trabalhada pelo carpinteiro.[5]

Que dizer da liturgia familiar que o pai preside? Que intensidade, sem dúvida alguma, na oração dessas três pessoas sempre mais conscientes do mistério que as unia!

---

[4] ARON, *Les années obscures de Jésus*, p. 48.

[5] LAURENTIN, *Les evangiles de l'enfance*, p. 468.

Por que Jesus deixou seus pais? É todo o sentido do episódio que nos interessa. Ele sabe que "deixará o homem o pai e a mãe e se unirá à sua mulher, e eles serão uma só carne" (Gn 2,24). Ele sabe que veio para uma nova aliança: quer que nele se realize o matrimônio da humanidade com a Sabedoria divina que ele encarna em profundidade. Ele é esta Sabedoria[6] para a qual seu Pai dirige o desejo profundo dos corações retos: "Eu a amei e procurei desde a juventude e pretendi fazê-la minha esposa, apaixonado pela sua beleza" (Sb 8,2). Jesus se prepara para um misterioso matrimônio, muito difícil de descrever, pois se trata de realidades espirituais que São Paulo traduzirá, na Epístola aos Efésios, como o matrimônio de Cristo com a Igreja. Os autores espirituais, especialmente Santa Teresa e São João da Cruz, descrevê-lo-ão também, a partir de sua experiência. No cerne de sua missão, precisamente antes de ser entregue, Jesus doará seu Corpo à sua Igreja, como o Esposo se entrega à Esposa, no decorrer da refeição da ceia.

Eis que seus pais o encontram, no terceiro dia, ou seja, no momento em que, na Bíblia (há inúmeros exemplos), os grandes dramas acontecem. Maria diz-lhe algo que ele parece não compreender: "Filho, por que agiste assim conosco? Olha, teu pai e eu estávamos, angustiados, à tua procura!" (Lc 2,48).

O que o desconcerta visivelmente é, de um lado, a angústia desse casal tão profundamente unido a Deus, como se Deus mesmo estivesse angustiado, e, do outro,

---

[6] Acerca deste tema, cf. o belo estudo de A. FEUILLET, *Le Christ, sagesse de Dieu* (Gabalda, 1966).

sobretudo esta expressão de Maria que soa estranhamente aos ouvidos de Jesus: "Teu pai te procura...!". Mas seu Pai é o próprio Deus! Maria não mente jamais, ele não se engana, ela não inventa. O que ela quer dizer? "[...] Não sabíeis que eu devo estar naquilo que é de meu Pai?" (Lc 2,49), diz Jesus, opondo seu Pai ao homem de que Maria fala.

A sequência fala por si mesma: José e Maria não compreendem o que ele diz, e Jesus enceta uma descida sobre os passos deles. Seus pés vão obedecer a Maria. Em breve, na modesta oficina, suas mãos obedecerão a José: "[...] o Filho [...] faz apenas o que vê o Pai fazer. O que o Pai faz, o Filho o faz igualmente" (Jo 5,19). Jesus olha para José como seu pai... Seus pés e suas mãos o indicaram!

Jesus havia subido a Jerusalém, ao lugar mais belo do mundo, ao Templo de Deus; ali ele goza de estima imediata, apesar de sua jovem idade. Ele desce a um lugar desprezado, Nazaré. E isso, através de Maria.

A VONTADE DO PAI

Jesus não procura senão uma coisa: o Pai. Sua primeira palavra, bem como a última, está voltada para o Pai, de onde ele vem e para quem ele quer conduzir todos os homens. Ele forma um só com o Pai, no Espírito: é a própria fonte de sua alegria e de sua fecundidade. Mas parece que ele consentiu ignorar, na condição de homem, certos aspectos da vontade do Pai ou, pelo menos, em não descobri-los senão pouco a pouco, à maneira humana. Um dia, ele dirá, em relação ao mistério do tempo, que "[...] nem os anjos do céu, nem mesmo o Filho [...] "conhecem a hora do acontecimento final, termo da História [Mt 24,36].[7]

Tudo se passa como se Maria ajudasse Jesus a escolher por formador, de preferência aos sábios do templo, este carpinteiro que ele acaba de abandonar. Há, nesta cena de São Lucas, um tipo de intervenção profética de Maria, que recorda exatamente a cena de Caná, relatada por São João. Aqui, Maria faz Jesus passar do templo à Sagrada Família. Em Caná, ao contrário, ela o faz sair, oferecendo-lhe a oportunidade de seu primeiro milagre, que o revela a todos. Curiosamente, João situa-o imediatamente após a outra cena do templo, onde Jesus expulsa os vendedores, em condições estritamente contrárias às de sua infância: a santa morada tornou-se um duvidoso centro comercial! Sua missão é deveras urgente. A vontade do Pai, nos dois casos, passa por Maria.

O aspecto mais espantoso, o mais desconhecido desta vontade é o encontro, do qual Maria é a chave, entre Jesus e aquele a que ela chama seu pai, a quem tudo, doravante, será submetido. Nele é que o "Pai, de quem recebe o nome toda paternidade no céu e na terra" (Ef 3,15), vai depositar sua autoridade.

A fim de entrever algo desse admirável mistério, é preciso reportar-se à formulação inimitável de São João Eudes, no coração do século XVII: Maria e Jesus formam um único coração, o que é verdadeiro em um ponto único, visto que todo ser físico de Jesus foi formado em Maria e

---

[7] "Esta declaração de ignorância chocou de imediato. Ela é omitida pudicamente no texto paralelo de Lc 21,33. Nós a recolhemos hoje, com gratidão, como precioso testemunho da humanidade de Jesus." GUILLET, *Jésus devant sa vie et sa mort*, p. 194.

que, por outro lado, a pureza do amor deles é inigualável. Maria e José, porém, não formam senão um só coração, pois, pela primeira vez, dois seres de uma pureza, de uma coragem, de uma inspiração excepcionais são unidos pelos laços do matrimônio, cujo sentido profundo, desde o começo, é a unidade de uma comunhão. Ali existe, por assim dizer, a dupla obra-prima do Espírito Santo, um fato perfeitamente simples, harmonizado, unificado: "Uma palavra Deus disse, duas eu ouvi [...]" (Sl 62[61],12). Nós vemos duas operações onde só existe apenas uma.

A consequência admirável, no centro dessa cena do templo, é, no coração da Virgem Maria, a perfeita unidade do coração de Jesus e de José. Tal é a conclusão lógica que daí tira São João Eudes. Tal é o segredo da vida da Sagrada Família. Esse diálogo, mudo a nossos ouvidos, entre Jesus e seu pai terreno, é um mistério total; mas como não pressentir a insondável beleza? Como não entrever que existe aí, em Maria, entre o homem e Deus, um tipo de relacionamento absolutamente inédito que justifica as audácias de um São João da Cruz:

> Não nos admiremos de saber que a alma é capaz de chegar a tal elevação. Com efeito, a partir do momento em que Deus lhe concede a graça de tornar-se deiforme e unida à Santa Trindade, ela torna-se Deus por antecipação; como seria incrível que ele exercesse suas atividades de compreensão, de conhecimento e de amor na Santa Trindade com ela, como ela, ainda que de maneira participada, Deus operando-as nela?[8]

---

[8] *Cântico espiritual*, 38.

Aprouve a Deus que José seja o primeiro a ter experimentado essas maravilhas em Maria. Quanto a nós, é em José e em Maria que somos chamados a vivê-las.

UMA DESCIDA REAL

Não podemos deixar de pensar que esta descida de Jesus, arrancando-se do templo, não tenha sido profundamente dolorosa, como a de Bernadete, desterrando-se de Lourdes, sua terra querida, seu único país, da casa de seu pai. Jesus também, como Abraão, deixa seu país e a casa de seu pai para descer para uma espécie de abjeção, de silêncio e de anonimato que causava espanto e fascinação em Bossuet, em Padre de Foucauld e em tantos outros.

José é como um monitor da arte de morrer à maneira do grão de trigo. Sem o querer, ele confere contorno concreto a esta descida vivida por Jesus ao longo de sua Encarnação, descida que São Paulo medita em um dos mais belos textos da Bíblia, no capítulo 2 da Epístola aos Filipenses, apoiando-se, talvez, em um hino litúrgico.

Jesus deixa a antiga Jerusalém, que não cessará de desviar-se rumo a perspectivas cada vez mais perigosas. Por sua presença e por seu esplendor único, ele faz da casa de José a Nova Jerusalém, o mundo novo oculto sob aparências humildes. Esses dois mundos, o antigo e a Nova Jerusalém, distanciam-se um do outro, progressivamente, como dois continentes.

Na infância de Jesus, o templo e a Sagrada Família coincidiam perfeitamente: José e Maria aí se acham em casa. Eles ouvem, com espanto, as profecias divinas, participam do louvor com emoção. O Espírito de Deus sopra no templo.

Quando Jesus está com doze anos, seus pais estão nesse templo como intrusos. Eles não compreendem mais o que acontece lá e, não obstante seu sucesso, levam seu filho para longe dele.

Quando Jesus completa trinta anos, ele próprio não reconhece mais nada: ele é que se tornou o verdadeiro templo onde o Pai é adorado *em espírito e em verdade.*

Fora da Sagrada Família tudo tem a tendência de desviar-se, de se deteriorar; *o Mal,* como diz São João, pode achar-se como em sua casa (cf. 1Jo 5,19). Na Sagrada Família, ao contrário, tudo cresce, tudo se fortalece *diante de Deus e diante dos homens.* Jesus aprende os segredos dessa descida da Encarnação.

Aos trinta anos de idade ele terá a coragem e a humildade de descer às águas do Jordão, por ocasião de seu Batismo, apesar dos protestos de João Batista. Une-se aos pecadores para arrancá-los à morte.

Por causa deles, descerá à condição dos malfeitores, para morrer da morte mais ignominiosa que os homens jamais tenham inventado. Descerá à morte, ele, o vivente. Descerá ao fundo dos infernos...

Eis por que o pequeno versículo de São Lucas – que inaugura essa descida – a respeito da palavra de Maria e a propósito dos passos desse casal, de quem José é o responsável, é tão profundamente emocionante: "Jesus desceu, então, com seus pais [...]" (Lc 2,51). Jesus, então, escolhe descer porque é a vontade do Pai.

Um dia, simbolicamente, ele viverá, diante de seus apóstolos estupefatos, essa descida, no momento mais solene de sua existência, no momento da ceia, introduzida de maneira tão grandiosa por São João. Jesus, "sabendo que o Pai tinha posto tudo em suas mãos e que de junto de Deus saíra e para Deus voltava" (Jo 13,3), vai cair, como um escravo aos pés de seus apóstolos, para lavar-lhes os pés, cume do Evangelho, que substitui, para São João, o relato da instituição da Eucaristia (Fl 2,8-9):

> [...] humilhou-se,
> fazendo-se obediente até a morte
> – e morte de cruz!
> Por isso, Deus o exaltou acima de tudo
> e lhe deu o Nome
> que está acima de todo nome. [...]

Maria quer fazer-nos conhecer, da parte de Deus, aquele que é o monitor secreto desse rebaixamento: seu esposo José.

CRUZAR UMA SOLEIRA

Maria e esse monitor silencioso, quando os escutamos – assim como Jesus, como os santos –, eles fazem vencer etapas, como os professores dão a seus alunos tarefas cada vez mais difíceis. É assim que Teresa d'Ávila, no fim de sua vida, sob a ordem de seus superiores, descreve as etapas da vida espiritual em sua obra-mestra que é o *Castelo interior*. Ela parte do estado sórdido do pecador, desgarrado, esmagado, escravo de suas paixões, para chegar, em seis paralelos sucessivos, até o matrimônio espiritual, a sétima Morada, centro e ápice da alma humana.

A grande reviravolta, já o dissemos, acontece no meio, na quarta Morada, ponto de partida da verdadeira conversão.

O que não parece discutível é, em toda a vida, o cruzar umbrais, para além dos quais as coisas já não são as mesmas. Refletindo sobre isso, veremos:

Em primeiro lugar, trata-se sempre de viver o que Jesus diz no Evangelho: "[...] Se o grão de trigo que cai na terra não morre, fica só. Mas, se morre, produz muito fruto" (Jo 12,24).

Em segundo lugar, trata-se sempre de passar de uma visão marcada pelos costumes demasiado humanos, na maneira de pensar e de viver, a um impulso novo, inspirado pelo Evangelho, bem diferente do primeiro. É o que São Paulo diz com força quando evidencia que "o homem não espiritual não aceita o que é do Espírito de Deus, pois isso lhe parece loucura. Ele não é capaz de entendê-lo [...] Ao contrário, o homem espiritual julga tudo, mas ele mesmo não é julgado por ninguém" (1Cor 2,14-15).

Em terceiro lugar, enfim, em todo itinerário espiritual, há momentos cruciais onde essa passagem, essa morte em prol da vida, são relativamente claras, sem revestirem sempre o aspecto de ruptura radical que vemos na vida de São Paulo, lançado por terra no caminho de Damasco, obcecado, interpelado diretamente por Jesus.

O que Teresa d'Ávila chama de quarta Morada é essa experiência central que se pode viver de mil maneiras, essa provação muitas vezes difícil, onde o homem abandona sua insuficiente lógica humana, *seus pensamentos humanos*, como diz Jesus a Pedro, sua suficiência de adulto, para abrir-se à novidade radical que vem de Deus, a essa confiança infantil que o gênio de Teresa do Menino Jesus exprimiu melhor do que ninguém.

Jesus subiu ao templo; de lá ele desce. O templo representa o mundo da boa vontade humana, que corre o risco de dobrar-se sobre si mesma e de passar ao lado da vida, como os fariseus.

A Sagrada Família é o mundo da comunicação onde se progride ininterruptamente, o mundo da comunhão.

Esquematicamente, poder-se-ia dizer que o templo é essa bela construção que o homem pode edificar, em um primeiro momento, com a ajuda de Deus. Ele exprime bem o cume das três primeiras moradas, o homem que se corrige. Na Sagrada Família, de maneira oculta, bem humilde, quase indizível, de tão simples e nova, é o próprio Senhor que faz alcançar as descobertas progressivas do amor e da liberdade no Espírito (as três últimas moradas).

A quarta Morada é a descida, desconcertante, muito penosa às vezes, mas de incomparável fecundidade, de um estado a outro. A descida da cabeça ao coração!

Recorrendo a todas as linguagens possíveis e, particularmente, à da Bíblia, à da história do Povo de Deus, tentaremos circunscrever essas verdades lembrando-nos de uma coisa: tudo aqui é questão de experiência, mais do que de discurso, de modo de vida e de pensamento a ser descoberto, mais do que de demonstração.

Por meio dos pés e das mãos é que nos tornamos discípulos daquele a respeito de quem o faraó já dizia, por meio da pessoa de seu grande ancestral e imagem, José, filho de Jacó: "[...] Eu sou o faraó, mas sem ti ninguém moverá a mão nem o pé em todo o Egito" (Gn 41,44).

A década de 1970

Determinadas maneiras de conceber o apostolado, certos discursos teológicos ou catequéticos dos anos que se seguiram ao Concílio e, de modo particular, nos difíceis tempos inaugurados em maio de 1968, pareceram-me característicos desse mundo da boa vontade humana, das análises "científicas", que é o da terceira Morada. Como muitos, talvez mais do que outros, às vezes sofri com isso. Este texto, que publiquei em *La Croix*, no dia 28 de setembro de 1978, quando era professor em um colégio livre no Sudeste, representa um exercício prático doloroso do que tentei dizer neste capítulo. Durante certo tempo, eu fora confrontado com esse tipo de discurso, comum à época, onde me parecia que faltava o essencial. Um tipo de mal-estar irreprimível me havia arrancado, por assim dizer, este grito:

Numa palavra, muitas vezes (nem sempre, quem pode julgar?) nos encontramos no cume das terceiras Moradas do *Castelo interior* de Santa Teresa d'Ávila. No cimo do que São Paulo chama de *homem natural* no capítulo 2 da Primeira Carta aos Coríntios. Do homem bem organizado, corajoso, lúcido, fraterno, mas, para retomar as palavras de Jesus, *os pagãos fazem o mesmo* (o que é excelente, todo mundo concorda).

Logo que se chega às quartas Moradas – lembro que existem sete delas – as belas certezas, as melhores análises sociológicas, saídas dos melhores laboratórios diocesanos, com muito mais razão, as fumaças "científicas" do marxismo, tudo isso se relativiza estranhamente. Por quê? Simplesmente porque a loucura de Deus começou a infiltrar-se na sabedoria dos homens. Um pouco do Espírito Santo passou, caprichosamente como o vento. Lembro--me do abade de La Pommeraie, há vinte e cinco anos, em Roma, no seminário, falando-nos das "noites" místicas que atravessam os militantes operários. Fredo Krumnow, com quem me encontrei de maneira inesquecível, dava também essa impressão.

A quarta Morada é o começo balbuciante da vida espiritual. Os grandes ativos da Igreja, aqueles que comoveram massas e, sem nem sequer buscá-lo, fizeram evoluir essas famosas estruturas sociais que é preciso mudar, são esses homens e essas mulheres, como São Bernardo ou Madre Teresa, que aprenderam a resistir, com o rosto por terra.

Sei que é terrível escrever tais coisas, pois, se aquele que as escreve não as leva a sério, ele próprio, o Senhor o repreenderá duramente por *suas palavras inúteis*. Mas embora bem pequenino na hierarquia, sofro terrivelmente, como muitos, por causa de nossas proezas nas terceiras Moradas: quanta lassidão, quantos sacerdotes e religiosos "reciclados" e, de fato, condenados ao desespero ou à arrogância, porque lançados sobre pistas indecisas, condenados a "desposar o humano" em todos os sentidos do termo! Que desordem! (há páginas de Clavel tristemente verdadeiras sobre tudo isso em *Ce que je crois* ["Em que creio"]). E que não se diga que isso é que Cristo fez! Ele escolheu para si no mundo essa esposa que é a Igreja, que ele trabalha dolorosamente para purificar e embelezar. São João diz, ele não é mais do mundo.

Que esperança quando vemos tantos homens e tantas mulheres, tantos jovens que tentam abrir-se, de verdade, ao Espírito! Quando pensamos que a relação que existe entre o Pai e o Filho, no Espírito, é essa mesma que Jesus quer estabelecer conosco: "Como meu Pai me ama, assim também eu vos amo" (Jo 15,9). Exatamente a mesma relação.

5. A SOMBRA DO PAI

A PROVAÇÃO PATERNAL

Aos doze anos Jesus empreendeu uma descida cujo imenso alcance pressentimos. Toda a sua profunda formação, toda a continuação de sua vida e, por conseguinte, nossa salvação, nossa esperança, nossa própria vida, intimamente ligada à sua, estão implicadas nessa viagem de Jerusalém a Nazaré.

Essa viagem evoca outra que permeia toda a Bíblia e, portanto, toda a história da humanidade: o êxodo, a passagem que o povo judeu deve fazer da terra do Egito para a Terra Prometida.

Na verdade, no início, esses desventurados, que haviam sido escravos dos poderosos egípcios durante mais de quatro séculos, não eram sequer um povo. Eram um amontoado de pessoas pobres, oprimidas, esmagadas, no meio das quais escondiam-se fugitivos: pouco a pouco, graças a liderança de Moisés e, acima de tudo, graças à proteção divina, graças à Lei e a toda a nova organização por ela proporcionada, essa população vai estruturar-se, humanizar-se, tornar-se o Povo de Deus.

A provação do deserto, tão longa e tão dura, completará a educação, mediante uma longa purificação, tão terrível quanto admirável, que deixará as maiores lembranças. Incessantemente, os profetas e salmos voltam a elas. Deus parece recordar-se com emoção dessa época abençoada, apesar de sua dificuldade:

> Quando Israel era criança eu o amava [...]. Sim, fui eu quem ensinou Efraim a andar, segurando-o pela mão [...] fazia com eles como quem pega uma criança ao colo e a traz junto ao rosto (Os 11,1-4).

Por quê? Porque esse tempo do deserto, esses quarenta anos que separam o tempo de penitência da instalação na terra de todas as promessas, são essencialmente como uma revelação do amor paternal de Deus:

> Lembra-te de todo o caminho pelo qual o SENHOR teu Deus te conduziu nesses quarenta anos, no deserto, para te humilhar e te pôr à prova, para conhecer tuas intenções e saber se observarias ou não os mandamentos [...] Reconhece, pois, em teu coração que, como um homem corrige o seu filho, assim te corrige o SENHOR teu Deus [...] (Dt 8,2-5).

Sob essa severidade aparente, um imenso amor.

> Sim, fui eu quem ensinou Efraim a andar, segurando-o pela mão. Só que eles não percebiam que era eu quem deles cuidava. Eu os lacei com laços de amizade, eu os amarrei com cordas de amor [...] (Os 11,3-4).
> [...] Hei de colocar-te entre meus filhos e dar-te uma terra agradável, a propriedade mais esplendorosa das nações! Eu pensava ainda: vós me chamareis de pai e jamais deixareis de seguir-me (Jr 3,19).

Todos os mistérios da vida cristã e, por conseguinte, da vida humana, vista em todas as dimensões – porque Deus é o Criador, o Mestre da História, o Salvador – estão contidos simbolicamente nesse período abençoado. Quer se trate da noite da partida, da noite de Páscoa, quando os judeus celebram, em torno do cordeiro, sua libertação, no decorrer de uma refeição onde o sangue desse cordeiro os protege; quer se trate da passagem do mar Vermelho, imagem do Batismo, do maná, imagem da Eucaristia, ou ainda do dom da Lei, da presença divina na Arca da Aliança e das inumeráveis provações atravessadas, tudo nos fala do mistério cristão.

O sentido desses quarenta anos é claro: tirar o povo de um mundo idólatra, onde todos são escravos, desde o desafortunado, que geme sob o chicote do capataz, até o faraó, escravizado por seus vícios e por suas superstições. Colocar as pessoas no caminho rumo à descoberta da verdadeira face de Deus, através da experiência desse povo judeu, saído de Abraão, de Isaac e de Jacó, esses patriarcas escolhidos pelo Altíssimo. Se quiséssemos resumir em uma frase todo esse percurso, tão penoso quanto essencial, poderíamos dizer: Deus quis fazer com que a humanidade atravessasse um limiar, revelando-se como um Pai e não como um tirano.

Na lógica do que descobrimos em nossa quarta etapa – pois o "estilo de Deus", como diz São João da Cruz, no fundo é estritamente fiel a ele mesmo –, esses quarenta anos são como a versão histórica, que não poderia ser mais grandiosa, apesar das aparências modestas, no que diz respeito aos afrescos fantásticos da existência humana, da quarta Morada de Teresa d'Ávila.

Quarenta tornar-se-á a expressão de uma passagem que assinala uma transformação profunda, quer se trate dos quarenta anos de deserto, quer dos quarenta dias que Moisés permanece sobre a montanha do Sinai; os quarenta dias de marcha de Elias rumo ao Horeb; os quarenta dias que separam a primeira fase da vida de Jesus, quando ele é incomparavelmente protegido no mundo de Nazaré, e a segunda fase, quando ele enfrentará cotidianamente o Mal.

Nossa vida inteira é a travessia de um deserto. Se, mediante o espírito de Jesus, nós reconhecemos aí a santa quarentena, como a isso nos convida a Quaresma, tudo se modifica. Nós não somos mais escravos lamentosos, sempre ameaçados de voltar à escravidão do Egito; tornamo-nos, pouco a pouco, filhos (cf. Dt 8,5).

Uma realidade essencial vai ajudar-nos nisso: a nuvem.

A NUVEM

Nenhuma realidade bíblica é mais importante do que a nuvem para os pobres seres humanos que somos nós, porque ela resume todas as realizações de Deus. Ela é como a imagem perfeita do trabalho do Espírito: os judeus da Idade Média, ao evocarem essa nuvem, que acompanhava o povo hebreu nas peregrinações, pensavam em um tipo de poder maternal, protetor da comunidade.

Essa nuvem não tem outra alternativa senão a morte. Com efeito, se Deus não se mostra, o ser humano não passa de um infeliz desgarrado, assistido pela morte, como Adão expulso do paraíso. Se Deus se mostra, é também a morte, pois "ninguém me [Deus] pode ver e permanecer vivo" (Ex 33,20). Escondido em uma rocha, Moisés pôde ver Deus *de costas*..., como Bernadete, entrevendo vislumbres e belezas desconhecidas. A nuvem revela ocultando. O Êxodo, com seus quarenta capítulos (como os quarenta anos de deserto que ele começa a narrar), é dedicado inteiramente a essa nuvem. Por meio dela é que o Senhor faz seu povo passar do estado de escravidão ao da liberdade, a um *país onde correm o leite e o mel*. A nuvem guiou toda a operação, cegando os maus, que, sem o saber, são manobrados pelo Inimigo, tão poderoso no mundo (cf. 1Jo 5,19); iluminando os pobres, amados de Deus, na noite de seu êxodo. Essa nuvem manifesta uma solicitude incansável, assumindo a dianteira da coluna para mostrar o caminho ou, ao contrário, colocando-se atrás, a fim de confundir o inimigo, permitindo a irreversível passagem do mar Vermelho. "[...] Deus [...] achava que, diante de um combate, o povo poderia arrepender-se e voltar para o Egito" (Ex 13,17).

Essa nuvem manifesta o segredo do amor do Pai, que é o amor de misericórdia, o amor maternal, como Oseias e Isaías viram tão bem: "[...] do Altíssimo, que se compadecerá de ti mais do que tua mãe" (Eclo 4,10). Ao mesmo tempo, essa nuvem comanda com a exata exigência de um pai. É preciso obedecer-lhe, dia e noite. Resumindo todo o seu pensamento, o autor do Êxodo conclui sua obra lançando um derradeiro olhar sobre essa maravilha:

Em todas as etapas da viagem, sempre que a nuvem se elevava de cima da morada, os israelitas punham-se a caminho; nunca partiam antes que a nuvem se levantasse. Mas se a nuvem não se levantava, também eles não marchavam, até que ela se levantasse. De fato, a nuvem do SENHOR ficava durante o dia sobre a morada, e durante a noite havia um fogo visível a todos os israelitas, ao longo de todas as etapas da viagem (Ex 40,36-38).

Sim, como tinham pressentido os pensadores judeus, essa nuvem tem um lado maternal, ainda que exprima o mistério do Pai. Ela traduz à perfeição o Pai agindo mediante seu Espírito para suscitar filhos, no Filho. Ela traduz exatamente o que se tornará o casal José e Maria, José abrigando Maria, a serviço da Encarnação, sombra do santo Matrimônio...

No entanto, por meio de que ela é introduzida no Êxodo?

Mediante uma realidade misteriosa, quase mágica de tão poderosa e oculta, desconcertante (essa magia, evidentemente, nada tem a ver com as imitações que dela fazem as pessoas); trata-se da ossada de José, filho de Jacó. No momento de sua morte, o quarto Patriarca, o Salvador do Povo de Deus, obrigara seus descendentes a fazer uma promessa. Consistia em reconduzir seus ossos à terra de Jacó, seu pai, à terra da Promessa. O destino desse homem é um dos mais singulares que existiram, único na Bíblia. Ele era o preferido de seu pai, por diversas razões, entre as quais sua beleza e sua inteligência, bem como as circunstâncias de sua concepção (Jacó amava Raquel, mãe de José). Invejado e detestado por seus irmãos, vendido como escravo, convertido no todo-poderoso primeiro-ministro do país mais influente do mundo àquela época, ele havia, por assim dizer, inaugurado antecipadamente o perdão evangélico, e deixado a lembrança de um homem habitado pelo Espírito de Deus. Esposado com a filha de um sacerdote da aristocracia egípcia, ele tem uma situação imperscrutável, de tão nova e tão vasta.[1] No momento de sua morte, esse patriarca exprime-se assim:

> [...] "Eu vou morrer, mas Deus intervirá em vosso favor e vos fará subir deste país para a terra que ele jurou dar a Abraão, Isaac e Jacó". José fez os filhos de Israel jurarem, dizendo-lhes: "Quando Deus vos visitar, levai daqui meus ossos convosco". José morreu no Egito aos cento e dez anos; foi embalsamado e posto num sarcófago no Egito (Gn 50,24-26).

Quando refletimos sobre o que representa o embalsamento para os grandes do Egito, e sobre o mistério das pirâmides, podemos ter uma ideia do que representavam as relíquias de um homem tão prodigiosamente inspirado. Percebemos que a visita de Deus e sua grande ação com mão forte e braço vigoroso está ligada, segundo expressa essa profecia, à trasladação desses ossos. São os ossos de José que introduzem diretamente os benefícios inestimáveis da nuvem divina, como diz claramente o autor do Êxodo (cf. Ex 13,19).[2]

---

[1] Nada é mais sugestivo do que mergulhar na exegese judaica concernente a José. Por exemplo: EISENBERG, Josy; GROSS, Benno. *Un Messie nommé Joseph*. Albin Michel, 1983. Os judeus impulsionam-nos em direção ao mesmo sentido que devemos seguir, mas sem prosseguir suficientemente longe...

[2] O autor do Eclesiástico fica também impressionado pelo resplendor dessa ossada: Eclo 50,18.

A importância dessa nuvem, *tenebrosa, de um lado, e luminosa, do outro* (Ex 14,20), não se limita à vida no deserto. Nós a reencontramos, sem cessar, assim que Deus se aproxima. Quando Iahweh quer falar a Moisés, nos grandes momentos da Aliança; quando os sacerdotes querem celebrar a consagração do novo templo, à época de Salomão, a nuvem está ali, esplêndida e terrível. Ezequiel e todo o Judaísmo evocam-na com emoção, pois ela será o sinal do retorno de Deus: "[...] e aparecerá a glória do Senhor assim como a Nuvem, tal como se manifestava no tempo de Moisés e quando Salomão orou, para que o lugar santo fosse grandiosamente consagrado" (2Mc 2,8).

A SOMBRA DO TODO-PODEROSO

Ao discorrer sobre a nuvem, não estamos falando de uma invenção mítica, que poderíamos atribuir à imaginação dos redatores do texto bíblico, mas, ao contrário, de uma realidade que vivemos hoje, sem termos consciência disso, o mais das vezes. A partir de Jesus, o que no Antigo Testamento eram preparações, promessas, imagens, torna-se realidade, plena realização espiritual. Podemos dizer, com Filipe: "Encontramos Jesus, o filho de José, de Nazaré, aquele sobre quem escreveram Moisés, na Lei, bem como os Profetas" (Jo 1,45). Já o dissemos – e isto é essencial – que nada é abstrato na Bíblia. Essa nuvem, que é como a terna e vigilante presença do Pai, procurando, por meio do Espírito Santo, fazer seus desafortunados filhos evoluírem da condição de escravos à de príncipes herdeiros, deve ter um rosto ainda mais concreto na Nova Aliança. Essa nuvem encontra-se aí espiritualmente, acompanhando as mínimas alterações de um coração que acredita. Ela não é uma abstração. Ela representa esse conjunto de condicionamentos concretos que tornam os reflexos de uma pessoa, guiada pela fé em Jesus Cristo, diferentes dos de um incréu, na ordem do pensamento e da ação.

O que descobrimos lentamente começa a achar seu lugar. Portanto, o antigo José é profeta dessa nuvem, seus ossos é que a introduzem diretamente (como a pedra tumular de Bernadete, na Capela de São José, é testemunha de uma história singular). Nosso José, como diria São Francisco de Sales, é aquele que oculta a Encarnação e aquele que a guia: somente ele recebe, da parte do Todo-Poderoso, as luzes dos anjos para essa função. É unicamente por causa desse homem discreto que a inteligência dos sábios de Israel é desorientada, que as polícias do potentado cruel, *essa raposa* (Lc 13,32), são ridicularizadas, que o Inimigo, tão sutil quando se trata de causar danos, parece ignorar sua presa. Formando uma unidade com sua esposa, ele constrói à perfeição essa sombra amorosa, de potência invencível, em sua fragilidade aparente, e de inigualável ternura.

Eles formam, juntos, as duas condições do trabalho do Espírito Santo, que não busca senão uma única coisa: poder, enfim, *gemer* no coração do homem, com esses *gemidos inefáveis*, que são os do Filho ao dirigir-se amorosamente a seu Pai! "Abba"; "Papai".

Infeliz do Pai que está longe! Santo Agostinho, ao comentar a tradução latina do texto grego do Creio niceno-constantinopolitano (381), vai emprestar à fórmula *"Pater omnipotens"* um toque terrível. Em vez de ser o Pai "que tudo sustenta" (*pantocrator*), amparando "por baixo", como um pai que segura seu filhinho porque ele é tudo para ele, torna-se um tipo de César do alto, de decisões temíveis, que predestina os seres a isso ou àquilo...[3] São Francisco de Sales, jovem estudante em Pádua, após a terrível crise que por pouco não o levara a Paris, conheceu de novo uma verdadeira tortura, por ter formulado tais questões insolúveis. Felizmente, em Jesus Cristo, vindo entre José e Maria, ele conseguiu, finalmente, desembocar na Sagrada Família de Nazaré, e pôde ver as coisas de forma completamente diversa, como o traduz seu livro-mestre *O tratado do amor de Deus.*

Deus quis duas condições para a vinda de seu Filho e, por conseguinte, para o dom absolutamente único ligado a essa vinda, o dom do Espírito Santo: José e Maria, dois seres humildes, simples, corajosos, indefesos e, no entanto, dotados de uma força e de um tipo de superioridade de tal modo indiscutíveis, que "a imagem do Deus invisível, o primogênito de toda a criação" (Cl 1,15), escolheu ser-lhes submisso.

Maria é aquela em quem o Espírito Santo faz concretizar-se o Corpo de Cristo, que assume, com o tempo, as proporções da Igreja, no coração da humanidade; José é aquele em quem se oculta o Pai para acolher essa criança e, por sua vez, cercá-la de ternura, protegê-la, ajudá-la a

---

[3] Esses problemas são terríveis, e sejam as ideias de Calvino em matéria de graça e de predestinação, sejam as de Jansênio e de seu livro *Augustinus*, todas essas formas de pensar se ligam a determinados aspectos de Santo Agostinho envelhecendo. Cf. as excelentes observações de J. Ansaldi no *Dictionnaire de Spiritualité* (XII, p. 432).

crescer de todas as maneiras. "O Espírito Santo descerá sobre ti", diz o anjo a Maria, "e o poder do Altíssimo te cobrirá com a sua sombra" (Lc 1,35). José é a sombra do Pai. Ele é diretamente prefigurado por essa nuvem bíblica, prolongamento exato do quarto patriarca.

Como a nuvem, é espantoso ver que esses inimigos mortais a que São Paulo chama de *as potências do ar*, nossos verdadeiros adversários, diz ele (cf. Ef 6,12), não podem absolutamente nada contra essa Criança frágil, tão avidamente espreitada pela incompreensão e pela hostilidade.

Aos doze anos, a uma palavra de sua mãe que ele, ao que parece, não compreende num primeiro momento, Jesus deve identificar "estar com seu Pai" – seu mais caro desejo... – com "estar com José". E ele desaparece dentro dessa "sombra", em que vai crescer e fortalecer-se admiravelmente, durante dezoito anos. Não posso deixar de pensar que tal mistério, essa longa e tão profunda formação, não tenha prolongamentos na vida inteira de Jesus, bem como na vida da Igreja de todos os tempos.

Maria parece desaparecer depois de Caná, e nós a reencontramos ao pé da cruz, no mais solene dos instantes, onde, de acordo com São João, Jesus cumpre a plenitude das Escrituras (cf. Jo 19,28) ao dá-la como Mãe da Humanidade, representada pelo próprio São João. Ela encarna as *entranhas de misericórdia* de que fala o cântico de Zacarias, depois do profeta Isaías, o último segredo de Deus.

Estaria José completamente ausente, na suprema provação de sua inseparável esposa, de um lado, e, de outro, daquele que se tornara seu Filho tão amado, que ele havia acompanhado tão longamente, tão profundamente? Nós o dissemos: José deve desaparecer inteiramente quando começa a missão do Filho, pois é preciso que não haja o menor equívoco quando Jesus Cristo fala de seu Pai. José desaparece. Ele sabe perfeitamente fazê-lo: é sua especialidade, ocultar sua pessoa e as daqueles que lhe são confiados. Seria conhecer mal o Pai, no entanto, fonte de toda paternidade, de toda generosidade, pensar que Deus utilizou Maria e José para os esquecer em seguida. Foi em José, para toda a eternidade, que Jesus aprendeu a dizer "Pai"! Essa experiência fundamental do Coração de Jesus introduziu entre o Pai eterno e o humilde José os laços totalmente misteriosos que são, precisamente, esse mistério no qual somos convidados a entrar.

Como não pensar que ele estava no coração dessa cena dramática, onde, obediente até o fim às Escrituras, à vontade do Pai, às servidões dessa condição humana aprendida lentamente em Nazaré, Jesus vai gritar esse nome pela última vez, com um amor que abalará para sempre o império da Morte: "Pai, em tuas mãos entrego o meu espírito" (Lc 23,46). A nuvem assumiu, então, a forma de um tipo de obscuridade que oculta o sol, durante três horas, como se o Pai quisesse poupar seu Filho dos sofrimentos suplementares que o ardor do sol poderia provocar; como se ele quisesse acompanhá-lo dolorosamente, discreta e amorosamente, fiel ao estilo que ele havia justamente praticado ao longo dos trinta anos mediante a preciosa presença de José.

Quanto ao túmulo novo, a rocha escavada que ainda não servira a ninguém e que será testemunha da ressurreição, triunfo do Espírito do Pai, ele pertencia a certo José, como o seio virginal de Maria, onde esse mesmo Espírito Santo havia operado a Encarnação, fora confiado a José. Não é por acaso. O nome é importante na Bíblia: ele acompanha não somente uma pessoa mas também uma função. José, seja em pessoa, seja por uma misteriosa presença espiritual que não pode ser senão insinuada, é encarregado de velar o Corpo de Cristo.

Que interpretação dar a todas essas aproximações? É impossível dizê-lo. Somente pode trazer um elemento de resposta a experiência vivida da paternidade de José, o que Jesus conheceu durante tanto tempo sob sua direção. A Igreja reconheceu nele, assaz misteriosamente, o Patrono da Boa Morte, não somente porque sua morte foi incomparavelmente acompanhada pela presença de Jesus e de Maria, conforme supõe-se, mas também porque ele parece ter sido predestinado a preparar os homens para morrer. Não foi Jesus o primeiro que pôde ser beneficiado por isso?

Essa nuvem obscura que envolve a vinda de Jesus e sua lenta formação junto a José não deve ser associada à que envolve sua morte e sua ressurreição? Não tem ela alguns laços desconhecidos com essa nuvem luminosa que, depois de ter ocultado a Ascensão, acompanhará a vinda na glória do Filho do Homem?

UMA PROFECIA SINGULAR

Ficamos desconcertados, avançamos passo a passo dentro desse mundo novo, desconhecido, onde sentimos a necessidade de ser guiados, reconfortados.

Vamos ter um inesperado apoio em uma profecia singular que encontramos em Santo Inácio de Antioquia, bispo do século I, martirizado em Roma por volta do ano 107, um dos pensadores cristãos mais inspirados que já existiram. Em sua Carta aos Efésios (XIX,1), escreve: "O príncipe deste mundo ignorou a virgindade de Maria e seu parto, bem como a morte do Senhor, três mistérios retumbantes que foram realizados no silêncio de Deus".

Ninguém pode negar que os homens, mesmo os sábios de Israel, tenham ignorado a concepção virginal de Jesus em razão da presença de José. Santo Inácio vai mais longe: ele pretende que esse espírito superior, que é Satã, tenha ignorado, como se José fosse uma vidraça opaca para os próprios espíritos, esses espíritos que são, de acordo com São Paulo, os verdadeiros inimigos do homem (cf. Ef 6,12). Assim como os egípcios deixaram os escravos partir em fuga e não puderam alcançá-los por causa da nuvem que os protegia, de igual modo José desorientou todos os que não podiam receber a Encarnação.

Quanto ao terceiro ponto, a relação entre José e a nuvem bíblica permite entrever como José ajudou espiritualmente Jesus a escapar do diabo no ato central de sua morte sobre a cruz, onde a Morte é vencida pela Vida, como a Ressurreição o traduzirá para sempre.

Em vez de apelar para a ajuda de mais de doze legiões de anjos que seu pai lhe enviaria imediatamente (cf. Mt 26,53), Jesus vai viver o que ele aprendeu há muito tempo com José: o respeito pelas Escrituras e a aceitação total de sua condição humana, tal como a viveu em Nazaré. Ele entregará ao verdugo suas mãos e seus pés que José havia comandado por muito tempo, em nome do Pai, em um trabalho humilde. O caráter tão miserável da morte desse condenado, vaiado pela multidão, escarnecido pelos grandes, padecendo a morte de um escravo, confundirá completamente o diabo. Acreditando triunfar, ele era derrotado definitivamente. A sombra do Pai, evocada pelas trevas que acompanham essa morte, exerceu seu papel até o fim, até o grito final dirigido ao Pai, como a explosão do silêncio. José ajudou Jesus a morrer como um homem.

Mas o texto de Santo Inácio prossegue:

> Um astro brilhou no céu, mais do que todos os outros astros, e sua luz era inefável, e sua novidade causava espanto, e todos os outros astros, com o sol e a lua, dispuseram-se em coro ao redor do astro, e ele projetava sua luz mais do que todos os outros. E eles estavam perturbados, perguntavam-se de onde provinha essa novidade tão diferente deles próprios. Então, toda magia foi destruída, e abolido todo lugar de malícia; a ignorância foi dissipada e arruinado o antigo reino, quando Deus apareceu em forma de homem, para uma novidade de vida eterna (cf. Rm 6,4): aquilo que fora decidido por Deus começava a se realizar. De igual modo, tudo estava convulsionado, pois se preparava a destruição da morte (XIX, 2).

Por meio desse astro é que os três mistérios mencionados – a concepção de Jesus, seu nascimento e a morte do Senhor – devem ser manifestados aos séculos.

O tema desse texto de Santo Inácio é claro: ela evoca esse astro que conduz os magos para a Criança e para

Maria, sua mãe (cf. Mt 2,11). Ela evoca igualmente o sonho do antigo José, imagem direta do Novo, diante de quem se inclinam o sol, a luz e onze estrelas (cf. Gn 37,9).

A partir daí, tudo se esclarece. Aquele que é encarregado pelo Altíssimo de esconder pelo silêncio e pela noite a novidade do que se prepara é também aquele que introduzirá todos os seres humanos junto ao Tesouro único que lhe foi confiado, o Menino e sua Mãe. José assemelha-se a esse astro cuja novidade é tão radical, tão desconcertante que ninguém a vê ou compreende, excetuando-se as poucas testemunhas encontradas, visitadas por uma graça excepcional de Deus. Um dia esse astro não passará mais despercebido, para estupor dos mestres e dos pensadores, das autoridades de todo tipo, de magos de todas as proveniências, magnetizados pela perfeição da sabedoria que eles verão em seus domínios.

Enquanto esperamos, consideremos o dia em que Frei André deixou a terra, em Montreal, ele que pode ser considerado, com a humilde Bernadete, como o profeta mais admirável de São José. Era o dia 6 de janeiro de 1937, dia da Epifania, que caía, naquele ano, em uma quarta-feira, dia em que a Igreja medita sobre a misteriosa estrela que conduz todas as sabedorias do mundo rumo à Sabedoria divina, apresentada como uma criança pequenina.

Quanto à magia humana, com todos os seus sortilégios e suas pretensões, todos os seus tateamentos obscurantistas e maléficos, ela se desvanecerá como fumaça diante do esplendor da verdade. Isso será a plena revelação do mundo de José, do qual Jesus e Maria foram, a um tempo, os primeiros artífices e os primeiros beneficiários. Esse mundo desconhecido, admirável, indescritível de beleza que é o do Menino e de Maria sua Mãe: José trabalha unicamente para eles.

PRIMEIRO BENEFÍCIO DA SOMBRA

Essa sombra divina é de um poder admirável, como os egípcios o reconhecem com estupor (cf. Nm 14,13), mas essa sombra não age à moda das *sombras protetoras* dos outros povos (cf. Nm 14,9), essas divindades que protegem contra os ardores pavorosos do sol, que prestam serviço, conferem poderes, mas nada exigem... A sombra divina é viva, exigente. Ela não dispensa o esforço, a provação, a privação necessária, a correção paternal, muitas vezes rigorosa. Ela tem as exigências de um amor que seria verdadeiro, humilde, de perfeita doçura, em alguns momentos, em outros, porém, de perfeito rigor. Essa sombra não confere superioridades automáticas, das que se vão buscar na magia, nas superstições, no "religioso" habitual, separado da fé. Quem foi mais provado do que o próprio José? As provações do primeiro fazem pressentir as do segundo, o grande José. O dom, desmesurado, mediante o qual Deus os habita (e esse dom outro não é senão o Espírito de Deus, os próprios egípcios o reconheciam: "Poderíamos por acaso encontrar outro homem como este, dotado do espírito de Deus?" [Gn 41,37]), esse dom lhes custou caro. É o que Teresa d'Ávila, no fim das sextas Moradas, diz ao ouvido daqueles que têm a loucura de desejar certos dons que lhes parecem invejáveis, como Simão, o mago: "Vocês acreditam que são leves as cruzes suportadas pelas almas que são objeto desses altos favores? Não, certamente; ao contrário, são bem pesadas e de diversos tipos. Vocês sabem se poderiam carregá-las?".[4]

Com efeito, a aposta é bem maior do que imaginam as pobres criaturas de carne e sangue que somos nós, geralmente ignorantes e pretensiosas. Nossos verdadeiros inimigos não são os homens, diz São Paulo, mas os espíritos, tão ineptos quanto desesperados, informes, que não pertencem nem à terra (onde Deus nos protege com sua *nuvem*, justamente José, quando não somos demasiado insensatos...), nem no céu, de onde Miguel os expulsou (cf. Ap 12,9). Outra coisa não buscam senão prejudicar-nos nesse espaço que lhes resta, "o entre dois", o "nem sim nem não", que pertence ao Maligno, como Jesus nos advertiu (cf. Mt 5,37). Por isso é que Paulo chama-os *as forças do ar, as forças do entre dois* (Ef 2,2), as forças da ambiguidade, do equívoco, da confusão. São tais forças que, com a estúpida cumplicidade dos homens, pervertem a linguagem. Assim como o ser criado começa com a Palavra, *o Verbo*, como diz São João, a ilusão e a mentira, que são a exata negação dela, começam pela perversão da linguagem. É o que demonstra o episódio da torre de Babel: o sonho dos seres humanos, separados de Deus, é estabelecer uma única torre, uma obra comum que lhes sirva de agrupamento, uma única linguagem, uma só ideologia obrigatória, mediante a qual os fortes dominam necessariamente os fracos, com a pusilanimidade e a preguiça desses últimos.

Acredita-se falar uma única língua, e ninguém se compreende mais: acredita-se unificar a sociedade em uma

---

[4] *Castelo interior*, sexta Morada, cap. 9.

obra comum, e todos se detestam; crê-se criar a liberdade, e todos são escravos, do menor ao maior. Essas falsas soluções podem perpetuar-se de maneira horrível, tirando das pessoas até mesmo a própria noção de liberdade e, consequentemente, o desejo de escapar. A única coisa que Deus poderia fazer é dispersar esse formigueiro.

Exemplos dessa cruel corrupção da linguagem? Juntam-se como as folhas mortas ou, mais exatamente, como esses papéis gordurentos largados pelas multidões sem educação. Confundir-se-á bondade com imbecilidade. A idiotia humana é, no fundo, o primeiro e o maior apoio do Maligno em seu trabalho de perversão. Sem a imbecilidade, o mal terminaria por diminuir, pois ele vai exatamente de encontro ao que buscamos.[5]

Confundir-se-ão rigor e rigidez. O rigor supõe uma sobriedade infinita; a rigidez é uma perigosa caricatura. A primeira coisa que Maria ensina à pequena Bernadete, sem uma palavra, no dia 11 de fevereiro de 1858, é justamente passar da austeridade na qual ela fora educada para o sóbrio rigor do mundo de José, mundo peculiar a *ela*! Bernadete deve aprender, não sem forte comoção, um fascinante sinal da cruz.

Embaraça-se a indispensável autonomia, sem a qual não é possível doar-se (se você não é autônomo, você está preso, confiscado, escravizado...), com o egoísmo estúpido, que ignora a fecundidade do dom. Mistura-se a liberdade,

---

[5] Tese de profunda exatidão, defendida por André Glucksmann em seu livro *La bêtise*.

que é uma ascensão penosa e maravilhosa, com as licenças da negligência na qual se desliza, sem esperança.

O diabo nos confunde. O Espírito oculto na nuvem, como Maria escondida em José, pode ajudar-nos a distinguir, e com que clareza! É o Espírito do Filho, como uma *espada de dois gumes...*

A suprema impostura, a mais oculta e a mais perniciosa, é a que se apoia sobre as forças tão nobres do instinto sexual. A sexualidade, vista com desconfiança na Igreja do Ocidente, sobretudo depois de Santo Agostinho, contrariamente à Igreja do Oriente, é uma das linguagens mais fundamentais da vida e do amor humanos. Deus ligou a ela a procriação, realidade que evoca uma colaboração direta com o ato criador, ainda mais fundamentalmente do que o trabalho ou a criação artística.

Padre Fessard consagrou a esse tema uma memorável reflexão,[6] na qual mostra que a condição sexuada não é somente a base das verdadeiras relações humanas, mas a introdução à inteligência do encontro entre Deus e o ser humano. A humanidade encontra-se, perante Deus, na condição de mulher diante do homem (por isso é que São Paulo diz que *a mulher é o reflexo do homem*: 1Cor 11,7). Se o homem descobre a verdade sobre Deus, em oposição ao idólatra, ele reencontrará o segredo do serviço, do respeito profundo pela mulher, do autêntico amor que dá sua vida àquele que ama. Tudo se torna possível. Do contrário,

---

[6] *De l'actualité historique.* D.D.B., 1960. t. I, p. 188 et seq. O conjunto do estudo é de rara profundidade.

as relações tornam-se tristes relações de força ou relações corrompidas.

Nada permite melhor perceber a diferença de apreciação que existe entre aqueles a quem o Senhor concedeu a graça de entrar na Nuvem, na oficina de José, e aqueles que ainda não passam dos notáveis de Israel. Os primeiros veem claramente por que São Paulo falou com tanta clareza, nos capítulos iniciais da Carta aos Romanos, a respeito do tema que nos ocupa; os outros não conseguem ver e acusam os primeiros. Os primeiros descobrem, não sem uma vigilância exigente, uma alegria, uma ternura, uma força, uma qualidade de comunhão que lhes fazem entrever o que pôde ser o diálogo de José e de Jesus. Os outros fazem como todo mundo, pensam como todo mundo. O mundo reconhece-os como seus e eles terminam por "vegetar", como dizia o poeta Jules Laforgue.

Os exemplos dessas confusões tão prejudiciais abundam na vida cotidiana. A contenção é uma liberdade, pois ela nos mantém na soleira do que poderia aborrecer o outro. Ela nada tem em comum com a timidez, essa triste escravidão, proveniente de velhas cadeias interiores, que arruínam as relações. É preciso escolher entre brilhar, mostrando sua genialidade e exibindo seus conhecimentos, e esclarecer. Estando a verdade ligada à humildade, aquele que brilha não esclarece.

De igual modo, o intelectualismo, que manipula facilmente as abstrações, muitas vezes é inimigo da inteligência, feita para a realidade. A agressividade, indispensável para enfrentar as dificuldades, defender o que se ama, não deve ser confundida com a violência injusta: a primeira é útil para combater a segunda. Há uma humildade que avilta, a falsa; outra que eleva, a verdadeira.

Tal é o incomparável benefício da paternidade de José, da proteção dessa nuvem, dessa sombra onde Jesus se formou durante muito tempo: o Espírito pode fazer-nos pronunciar aí, com José, um verdadeiro "não" a esse mundo da confusão e, sem saber como, tornamo-nos capazes de distinguir claramente o que nossa ignorância, nossa suficiência, nossa afobação nos teriam levado quase a confundir.

Esse proveito tão apreciável é uma introdução ao segundo benefício dessa sombra: poder dizer "sim", com Maria, ao que os velhos costumes de nossa razão, a pobre sabedoria rotineira e endurecida da espécie humana (ainda obscurecida por diversos espíritos de trevas...) não podiam senão opor de maneira inconciliável.

SEGUNDO BENEFÍCIO DA SOMBRA

De maneira inesperada, essa Sombra do Pai faz morrer em nós toda uma geração de pensamentos e de sentimentos demasiadamente marcados pelo Egito, ou seja, pelo antigo condicionamento do mundo humano, esse mundo ilusório, escravo, ignorante de sua própria servidão, como os hebreus, fechados aos apelos de Deus, cujos corpos se esparramam pelo deserto (Nm 14,23). Essa operação está longe de ser fácil em nós. Ela se faz continuamente, se nós mesmos formos um pouco inteligentes e fiéis por ocasião das provações, crises, enfermidades, malogros, descobertas, alegrias, deslumbramentos que atravessamos. Ela se faz e nós vemos mais claramente em nós, como se os anjos, que são os grandes operários da oficina de José, começassem a juntar a cizânia para queimar, e armazenar a colheita eterna.

Então começa a se delinear uma maravilha que é objeto da última meditação do Antigo Testamento: a maravilha típica do êxodo, o verdadeiro fruto da Sombra paternal, que é a união dos contraditórios, isto é, das realidades que os homens não podem senão opor irredutivelmente. Isso se encontra no capítulo 19 do livro da Sabedoria, o último capítulo do último livro da Antiga Aliança, redigido na nova e eterna Alexandria. Pode-se dizer que todo o esforço desses séculos, nos quais, constantemente e em grande escala, o horrível e o sublime, a traição e a fidelidade, o terra a terra e o miraculoso se acotovelam e se empurram em terríveis confusões, desemboca nesse equilíbrio apaziguador e tocante (Sb 19,19-21):

> [...] animais terrenos transformavam-se em aquáticos,
> e os que nadavam saltavam para a terra;
> na água, o fogo excedia sua própria força,
> e a água esquecia seu poder de extinção.
> Por outro lado, as labaredas não consumiam a carne
> dos frágeis animais que andavam entre elas.

Reconhecemos, sem mais nem menos, o mundo profetizado pelo capítulo 11 de Isaías, onde "o lobo, então, será hóspede do cordeiro [...] o bebê vai brincar no buraco da cobra venenosa, a criancinha enfia a mão no esconderijo da serpente" (Is 11,6.8).

Aqui, porém, a ação divina é apresentada de maneira ainda mais impactante: de um lado, ela está ligada ao percurso no deserto e à guia tão característica da nuvem divina; de outro, o simbolismo empregado é significativo. Muitas culturas diferentes findaram por recorrer a ele.

Se quiséssemos reconduzir as coisas ao essencial, diríamos que os elementos de base, a terra e a água que a fecunda, representam como que o tecido profundo da vida humana, aquele que todo ser obtém da mulher, ou seja, o corpo, seus instintos e os sentimentos que nos movem.

O fogo e o ar, ao contrário, o mundo solar do alto, seco, preciso, evoca a racionalidade, a zona dos princípios, das estruturas na qual a lógica masculina encontra-se à vontade.

A água é como o símbolo do primeiro aspecto do ser humano, o da sensibilidade que se traduz, ademais, pela emoção, onde todo ser se agita como a onda (...as lágrimas!). É o mundo da intuição, do impulso, a preciosa base desse tipo de elã sem o qual não haveria vida humana. O fogo é o símbolo oposto da razão seca e precisa, eficaz e poderosa, também ela, de maneira completamente diferente.

Somente o Espírito pode permitir à água e ao fogo reencontrar-se, desposar-se: poder-se-ia ver um símbolo feliz dessa união no sangue, líquido como a água e vermelho como o fogo. O sangue faz a unidade do corpo humano e o laço de um ser com as gerações que o precedem e as que o seguem. Sua importância é vital. Por isso é que os judeus viam nele algo como a materialização desse Sopro divino pelo qual Deus havia animado o primeiro homem.

O sangue é sagrado para eles; não deve ser nem derramado nem comido.

Pode-se afirmar que a união da água e do fogo, da sensibilidade e da razão, faces femininas e masculinas do ser humano, exprime o que somente o Espírito de Deus pode fazer, essa união tão indispensável quanto impossível.

O Espírito Santo ama unir os contraditórios, ou seja, o que nós opomos irredutivelmente. No entanto, em boas condições, ele não pode fazê-lo senão na Sagrada Família. Por quê? Porque é o único espaço espiritual, sobre a terra, onde o mal não penetra.

Que significa, geralmente, "contraditórios"? Duas afirmações irredutíveis, como o verdadeiro e o falso, a realidade e a ilusão, a mentira e a verdade, a virtude e o vício, o mundo de Cristo, que é a Verdade, e o de Satã, "o pai da mentira". Ao cruzar a porta de Nazaré, a palavra assume outro sentido. Ela designa, por exemplo, o que Dante medita na primeira estrofe do final de seu grande poema:

> Ó Virgem mãe, e filha de teu Filho,
> Humilde e elevada, bem mais do que toda criatura
> Termo fixado de um desígnio eterno [...].[7]

Tudo é surpreendente aqui, porque a terra, enfim, alcançou o céu; porque o Filho de Deus, "[...] o primogênito de toda a criação, pois é nele que foram criadas todas as coisas" (Cl 1,15-16), fez-se o menor, ao passo que o

---

[7] *A divina comédia*. Paraíso, canto XXXIII.

carpinteiro de Nazaré torna-se maior do que o maior dos homens (cf. Mt 11,11), no próprio dizer de Jesus.[8]

Esse mundo novo é o que pressentiu, no meio do século XV, um espírito superior por sua cultura e por suas intuições, o Cardeal Nicolau de Cusa:

> O lugar no qual nós vos veremos sem véu, ó meu Deus, encontrei-o rodeado da coincidência dos contraditórios; ele é o muro do Paraíso que vós habitais e aí não penetraremos senão depois de ter vencido a razão que guarda a porta.[9]

Seria mais justo dizer que a razão deve aceitar, pelo movimento misterioso do amor que a leva consigo, renunciar a suas pretensões tirânicas, para abrir-se ao que ela não vê, mas que é convidada a crer.

É exatamente o resultado ao qual querem conduzir José e Maria quando eles nos acenam para segui-los, tal como fizeram em relação a Jesus. O que teria podido parecer impossível, ou constrangedor, desagradável, irracional,

---

[8] É a intuição que "amadurece" quando se reflete sobre o que Deus quis na Sagrada Família (ela encontra-se em um texto de Dom Richaud – *l'Aquitaine*, 14 de dezembro de 1962) –, texto que comenta a decisão de João XXIII sobre José no *cânone da missa*).

[9] *Autour de la docte ignorance* (1450). Trad. Van Steenberghe, p. 40. Nicolau de Cusa (1401-1464) exerceu grande papel como conselheiro da Santa Sé e como diplomata. Sua cultura era imensa e suas luzes, surpreendentes. O princípio que ele enuncia aqui, sobre o plano espiritual, aplica-se curiosamente à física moderna, onde "todas as experiências, sem exceção alguma, exigem, para sua explicação, dois princípios contraditórios ou, antes, um princípio que supõe a superposição de dois princípios que se excluem mutuamente". MICHEL, A. *France Catholique*, 15 juin 1984.

torna-se relativamente simples e fonte de espantosas descobertas.

Começa-se a entrever o jogo divino da coincidência dos contraditórios como essa maravilha que todas as sabedorias tentaram segurar, de modo especial no Oriente e no Extremo-Oriente (Eclo 42,25[24]-26[25]):

> Todas as coisas existem aos pares,
> uma frente à outra,
> e ele nada fez de incompleto:
> uma coisa completa a bondade da outra...
> quem, pois, se fartará de contemplar a sua glória?

Se refletirmos sobre isso, veremos que o cume e a fonte dessa maravilha é a Encarnação, cuja chave é o casal José e Maria. Eles definem um espaço de propriedades admiráveis, o espaço divino sobre a terra, confiado pelo Senhor ao *justo* José.

Como não ficar embasbacado de reconhecimento ao pensar que o Sangue de Cristo (este Sangue no qual todos os contraditórios se resolvem), permite a todos nós, pobres pecadores, pela força de nosso Batismo, entrar nesse movimento? Certamente, é preciso aceitar a paternidade de José, essa paternidade exigente, é preciso obedecer a essa nuvem, mesmo sem compreender. Como poderíamos compreender um conjunto tão disparatado como a força e a fraqueza, a alegria e as tribulações, a morte e a vida, a glória e o rebaixamento? Sem compreender, podemos viver e, em vivendo, ter acesso, pouco a pouco, a uma nova compreensão. É o próprio trajeto dos hebreus diante das exigências da Lei: "Faremos tudo o que o SENHOR falou e obedeceremos" (Ex 24,7). Obedecer, aqui, tem o sentido de compreender, como já observamos. Entre os homens, a gente compreende e faz; junto a José, a gente faz e compreende.

Se temos convivência suficiente com aquilo a que Santo Tomás chama "instinto do Espírito Santo", mais do que somente com nossa curta razão, entramos, então, na lógica dos santos, lógica muitas vezes desconcertante, como o testemunha a carta do dia 16 de julho de 1897, de Madre Agnes aos Guérin, sua família, a respeito de sua irmã Teresa, em mal estado de saúde:

> O estado de nossa querida pequena doente continua sempre o mesmo; não creio que o desfecho seja tão próximo como o havíamos inicialmente pensado. Este anjo ainda vai permanecer alguns meses perto de nós, a fim de nos edificar e nos preparar para sua partida. Ela me disse, à tarde, com um ar quase inquieto: "Pobre de mim! E se eu sarasse?". Imediatamente eu lhe assegurei não ter, de minha parte, nenhuma esperança.
> Distraiam-se o mais possível em Musse, é tudo o que deseja vossa filhinha e, efetivamente, por que vocês ficariam tristes com uma partida que lhe causa tanta alegria? Ela considera a morte como a mais amável mensageira. É até mesmo curioso e divertido ouvi-la; ela se vê emagrecer com felicidade: "Como estou contente", diz ela, olhando para as próprias mãos, "como me dá prazer perceber minha destruição".

Estamos aqui em pleno paradoxo: o que deveria entristecê-la, alegra-a, e, ainda mais desconcertante, o que deveria causar-lhe alegria não lhe fala verdadeiramente ao coração. As perspectivas das alegrias do além, as alegrias do céu, como se diz, nada despertam nela quando sua irmã as evoca. Ela confessa, ademais, que já há algum tempo ela não sabe mais o que é uma alegria verdadeira e não experimenta mais nem sequer o desejo de senti-la! O que a atrai é outra coisa, não é a perspectiva de sua felicidade, mas uma experiência ainda mais engrandecida do amor; no coração dessa carta admirável, há esta frase de uma intensidade sem falhas: "Penso somente no amor que receberei e no amor que poderei dar".[10]

TESTEMUNHAS DA SOMBRA

Este segundo benefício da sombra consiste, portanto, em fazer viver junto o que pareceria completamente incompatível. Uma Teresa do Menino Jesus consegue isso com facilidade, no verão de 1897, quando Deus a refina com vistas a seu destino eterno, que começa no dia 30 de setembro, dia em que ela definitivamente entra na vida. No entanto, é na Sagrada Família que ela haure sua inspiração profunda.

Nos mesmos meses de 1897, outra personagem excepcional, Charles de Foucauld, sem nenhuma relação aparente com a jovem Teresa Martin, vai experimentar, também ele, e compreender seu enraizamento na Sagrada Família como o segredo de sua vida.

---

[10] *Derniers entretiens*. D.D.B., 1971. t. I, p. 707-708.

Um pequeno fato que se situa alguns dias depois da carta que acabamos de citar mostra em que universo vivia Santa Teresa no fim de sua vida.

Estamos, portanto, em julho de 1897. Alguém enviara à enferma belos frutos que ela não podia comer. Ela os tomava nas mãos, um após outro, como se quisesse oferecê-los a alguém.

"A Sagrada Família foi bem servida", diz ela. "São José e o pequeno Jesus comeram, cada um, um pêssego e duas ameixas."

Ela experimenta uma moção de escrúpulo, bem característica da época e da educação recebida, um tipo de desconforto provocado pela satisfação de acariciar esses pêssegos, com os olhos e com as mãos. Sua irmã a tranquiliza.

Teresa continua a explicar o fundo de sua alma:

> A Santa Virgem teve também sua parte. Quando alguém me dá um pouco de leite com rum, eu os ofereço a São José; digo a mim mesma: oh! como isso vai fazer bem ao pobre José!
>
> No refeitório, via sempre a quem era preciso dar. O doce era para o pequeno Jesus, o forte, para São José. A Santa Virgem não era esquecida também. Mas quando faltava alguma coisa, quando alguém se esquecia de me passar o molho da salada, eu ficava bem mais contente, porque me parecia dar para sempre à Sagrada Família, ficando privada eternamente daquilo que eu oferecia.[11]

---

[11] Ibid., p. 277.

Por essa época, quando os missionários com quem ela se comunicava (tanto quanto podia ainda escrever...) lhe pediam um nome de Batismo para um jovem catecúmeno, ela sugeria sempre, juntamente com outro nome, o de José. Ela joga flores à sua estátua, no fundo da alameda dos castanheiros, no último verão...[12] Tudo isso pode parecer infantil, um pouco tolo. É tudo simplesmente inventivo, útil, quando se entrevê que essas práticas humildes permitem triunfar sobre sofrimentos atrozes, tanto interiores quanto físicos, e, na realidade, criam essa paz de coração e esse amor desinteressado ("a alma pacífica e desinteressada"), que é o segredo do Carmelo, portanto da Sagrada Família, do Espírito Santo, triunfo da coincidência dos contraditórios.

Exatamente na mesma época o Padre de Foucauld caiu no mundo de José, no dia 10 de março de 1897, e ele está perfeitamente consciente de que é uma quarta-feira do mês de José (ele não sabe, talvez, que dez é o número do Pai!): "A primeira quarta-feira que passo ali (em Nazaré), vós me fizestes entrar, meu Deus, por intermédio de São José, como empregado no Convento de Santa Clara".[13]

Toda uma vida incrivelmente movimentada encontra, enfim, sua orientação definitiva. Depois de muito tempo Deus consegue alcançá-lo, através da África, do deserto, de Teresa d'Ávila – que ele pratica assiduamente –, do Abade Huvelin, de sua querida prima Maria de Bondy, da estada na Ordem dos Trapistas, que se seguiu à sua conversão

---

[12] Ibid.

[13] SIX, J.-F. *Itinéraire spirituel de Charles de Foucauld.* p. 196.

em 1886: tudo converge para Nazaré, a terra de José, seu protetor, assim como o de Jesus. Ali ele se sente irresistivelmente chamado.

Em Nazaré, inicialmente ele busca-o na estreita clausura das Clarissas de Nazaré, no momento em que a jovem carmelita de vinte e quatro anos empresta à Igreja seu maravilhoso destino. Ele o busca, a seguir, cada vez mais intensamente, através da fraternidade de Béni-Abbès, que possui algum resquício de clausura, não quer ser um eremitério separado do mundo, mas uma "zaouia" [do árabe: "recanto", "cela", "monastério"], uma fraternidade, como a modesta morada de José em Nazaré.

Toda uma evolução o conduzirá rumo ao sul, para os impressionantes horizontes do Hoggar, em Tamanrasset. Lá, todos os restos de clausura desapareceram: não resta senão uma clausura do coração, tão interior que ele não se chama mais nem mesmo Charles de Jesus, como precedentemente, mas Charles, simplesmente, seu nome de Batismo que contém tudo, como o Nome de Jesus, na origem do nome de Maria, na origem do nome de José, aquele que nominará Jesus, "pois não existe debaixo do céu outro nome dado à humanidade pelo qual devamos ser salvos" (At 4,12).

"Minha vocação, tantas vezes reconhecida, é a vida em Nazaré", escreve ele ao Abade Huvelin no dia 4 de abril de 1905. Em suma: ele compreende progressivamente a definição admirável da Sagrada Família, dada pelo Abade Huvelin justamente em uma carta do dia 2 de agosto de 1896: "Nazaré, é lá que se trabalha, onde se é submisso [...] é uma casa que se constrói no coração, ou melhor, que a gente deixa construir em si pelas mãos de Jesus". Essas duas mãos com as quais Jesus constrói o verdadeiro ambiente do Espírito Santo, que edifica, ele próprio, a Igreja, agora nós as conhecemos: José e Maria.

Um novo espaço espiritual

Por que o Padre de Foucauld não tem mais necessidade da menor clausura a fim de viver sua vida, e nomina a si mesmo simplesmente de Charles? É que ele, por fim, pertence, a título pleno, sobre esta terra dos homens, ao novo espaço espiritual onde nosso nome de Batismo, pela força do sangue de Cristo, assume um relevo insuspeitado. Os maiores poderes, as mais formidáveis possibilidades são menos importantes do que ele: "[...] não vos alegreis porque os espíritos se submetem a vós. Antes, ficai alegres porque vossos nomes estão escritos nos céus" (Lc 10,20). Charles de Foucauld fora introduzido por José, na quarta-feira, dia 10 de março de 1897, no espaço que o Pai eterno lhe confiou. Ele não cessara de fincar-se aí com prazer.

Ninguém o descreveu melhor que esse outro Charles, Charles Péguy, em sua pequena obra-prima póstuma que é *Véronique. Dialogue de l'Histoire et de l'âme charnelle*:

Existem duas metades, por assim dizer, nesse mecanismo. Uma das duas metades é infinita, e em si mesma como eterna. A outra das duas metades é ínfima, e em si mesma como temporal. E o que há de mais forte, por um milagre novo, a parte que é ínfima não é menos necessária, menos indispensável ao conjunto, ao jogo do conjunto, do que a parte que é infinita, sendo justamente, precisamente, por uma reviravolta singular, indispensável, ela própria, a essa parte infinita. Destarte, negar uma ou outra parte é igualmente negar o todo, desmontar o maravilhoso aparelho. Um Deus. Um homem Deus. Mas negar o céu não é quase certamente perigoso. É uma heresia sem futuro. É tão evidentemente grosseiro. Negar a terra, ao contrário, é tentador. De início, é elegante. O que é pior. Está aí, portanto, a heresia perigosa, a heresia com futuro...[14] É a heresia daqueles que buscam a plenitude da verdade fora da Sagrada Família: se eles são verdadeiramente inteligentes e humildes, terminarão por encontrar esse astro misterioso (*a sombra do Pai*) que os guia rumo ao Menino e a Maria, sua mãe; o mais das vezes, eles se desgarram, no seguimento de gurus vaporíferos, rumo a funestas imitações, onde se faz profissão de desprezar a terra para melhor encontrar o céu. Terrível mundo das seitas.

Maravilhoso mundo de José! Indubitavelmente, ninguém o definiu melhor do que a filha preferida de Santa Teresa d'Ávila, Ana de São Bartolomeu,[15] que recolherá o último suspiro da Madre, na tarde de 4 de outubro de 1582, bem como os segredos de seu pensamento. Ela descreve, em Bérulle, em 1609, esse espaço que todos devemos descobrir:

No que concerne à minha alma, conservo-a pacífica em sua presença e em grande silêncio. Pela bondade de Deus, reencontrei algumas das graças que ele costumava conceder-me em outros tempos, mas sou mais infiel do que nunca, mais indigna de tais graças. Esta serena presença torna os

---

[14] PÉGUY, C. *Oeuvres en prose*. La Pléiade, 1909-1914. p. 392.

[15] Ana de São Bartolomeu, alma simples e muito profunda, como sua mãe, Santa Teresa, possuía um tipo de intimidade inata com São José.

movimentos e as paixões submissas e, por assim dizer, mortas. E ainda que, por vezes, surja algum pensamento fugitivo ou algum movimento, logo os confunde esta visão de Deus que não me deixa nada a fazer. E não tenho outro desejo senão este: que sua vontade se faça nas pequenas coisas e nas grandes. Em uma luz particular, o Senhor mostrou-me, um dia, em um recolhimento, que nem no céu nem sobre a terra a alma pode ter outro céu maior do que estar em sua vontade. Dizei-me se está bem assim.

Apreciaremos a inspiração, de um lado, e a humildade, do outro. Essa carta prossegue, continuando a descrever a descoberta que outra não é senão aquilo a que chamamos de mistério da quarta Morada, ou seja, a passagem daquilo que permanece muito humano para o que se torna outro, tão novo em sua simplicidade que não se pode descrever, "não se sabe o que é". Não é uma coisa que se degusta, mas uma força de verdade: Deus mostra (à alma) as diferenças que existem entre o agir de Deus e as operações naturais". Deus faz ver que umas vão rumo à servidão, ao passo que as outras fazem descobrir a liberdade, a fidelidade do espírito.

Segue-se uma observação interessante: "A alma despreza tudo o que não é Deus e, contudo, ela se descobre senhora disso tudo". Trata-se de um desdém que não descarta as coisas humanas, mas que, ao contrário, vai apoiar-se nelas, conferindo-lhes seu verdadeiro lugar.

Por fim, vem uma frase preciosa, que mostra uma grande verdade: em qualquer estágio da vida espiritual a que cheguemos sobre a terra, é preciso viver sem cessar esse tipo de morte do grão de trigo, essa humilde ruptura, que entrevemos ser a especialidade do "Patrono da Boa Morte".

O que se pode dizer é que essa experiência torna-se sempre mais fácil: "Ainda que essa oração não perdure sempre nesse estado, a modéstia que ela introduz nas ações que ela opera subsiste na alma quase como se essa oração continuasse".[16]

Já não está sobre a terra esse outro mundo de que falava Maria a Bernadete, no dia 18 de fevereiro de 1858, onde podemos começar, graças a *ela* e a seu Esposo, a "ser felizes", em um estilo bem diferente do das alegrias habituais?

---

[16] Cf. SEROUET. *Anne de Saint-Barthélémy. Lettres et écrits spirituels.* D.D.B., 1964. p. 76.

6. O TEMPO DO PAI

O TEMPO, MISTÉRIO PATERNAL

Abordemos a sexta etapa de nosso trajeto, um estágio essencial: a arte de viver o tempo. Jesus, em Nazaré, viveu o tempo como antigamente o jovem Samuel, no Templo de Deus (cf. 1Sm 2,26): ele progride "em sabedoria, tamanho e graça diante de Deus e dos homens" (Lc 2,52).

Esta é a perfeição: viver um tempo que integra o mais modesto esforço humano e o mais alto favor divino. Um tempo que faz crescer, um tempo que constrói para a eternidade. Um tempo em que nada se perde.

É impossível dizer o que é o tempo. "O que é, pois, o tempo?", perguntava Santo Agostinho. "Quando uma pessoa não me pergunta, eu sei; quando tenho de explicá-lo, não sei mais."[1] O que se pode dizer é que o tempo é também incognoscível, exceto pelo Pai: toda a realidade humana desenrola-se nele, ele nos acompanha sempre. Toda a realidade provém do Pai que *trabalha sempre*, como dirá Jesus, que *não nos deixa jamais sozinhos*. Não se trata, portanto, de explicá-lo, mas de vivê-lo, como Jesus o viveu na casa de José durante tanto tempo. Como Jesus, *embora sendo o Filho*, quis aprendê-lo, em estrita obediência (cf. Hb 5,8).

---

[1] *Confissões*, XI 14,17.

Jesus reconhece que o tempo é assunto do Pai, ele sabe que suas palavras não passarão, enquanto o céu e a terra passarão..., mas ele não sabe quando! "Ora, quanto àquele dia ou hora, ninguém tem conhecimento, nem os anjos do céu, nem mesmo o Filho. Só o Pai" (Mc 13,32). Esta ocultação, ligada, como sempre, a um tipo de revelação progressiva, é o próprio de José. Um discípulo de Maria como Padre Olier, tão inspirado, sabia-o bem:

> Era o oráculo de Jesus Cristo, que o fazia conhecer todas as vontades do Pai celeste; era o relógio que lhe indicava todos os momentos marcados nos desígnios de Deus; era diante desse oratório que, dirigindo-se a seu Pai, ele dizia 'Pater noster' e que ele rogava por toda a Igreja.

Com efeito, durante trinta dos trinta e três anos, nos dez/onze primeiros anos de sua vida, Jesus parece depender unicamente dele, como se essa lenta maturação entre suas mãos fosse o segredo de sua formação profunda.

É junto de José que se elabora o tempo do Pai, ou seja, o tempo vivido pelo Coração do Filho sobre a terra com uma dupla finalidade bem precisa: revelar o verdadeiro rosto de Deus *nosso Pai* (cf. Ef 1,2) e *lançar por terra* o Inimigo, *o Príncipe deste mundo* (cf. Jo 12,31), como exprime claramente a oração do pai-nosso.

A vida da Sagrada Família está inteiramente centrada nesta dupla finalidade por mérito do Sangue de Cristo: José refletirá progressivamente a justiça, isto é, a santidade de Deus, ele *o justo* e Maria, a misericórdia. Ambos vão ajudar humildemente o Filho eterno em sua luta contra o Mal. É Maria que, por ocasião da emancipação de seus doze anos, levá-lo-á a passar do templo a Nazaré e a escolher este pai que Deus lhe mostra. Quando ele completa trinta anos, a idade das grandes responsabilidades, ainda é ela que parece indicar-lhe sua hora, a hora do confronto com o Príncipe deste mundo, a hora do primeiro milagre, que o designa não somente para os homens, que vão começar a acreditar nele, mas aos espíritos... E Jesus, em São João, encontra-se mais uma vez no templo, mas um templo transformado em uma caverna de ladrões, onde seus pais não vêm mais à sua procura!

José, espiritualmente, não o deixa, por causa do laço misterioso tecido pouco a pouco entre o Pai eterno e ele: "Aquele que me enviou está comigo. Ele não me deixou sozinho, porque eu sempre faço o que é do seu agrado" (Jo 8,29). Humanamente, porém, esse pobre e maravilhoso pai terreno terminou sua tarefa. Utilizando-se do que aprendeu lentamente, Jesus desafiará o Inimigo mediante o Espírito de Deus: "Se expulso [os demônios], no entanto, pelo espírito de Deus, é porque já chegou até vós o Reino de Deus" (Mt 12,28).

Jesus denuncia-o em ação por toda parte, entre os fariseus que se acreditam filhos de Moisés, enquanto fazem seu trabalho; "O vosso pai é o diabo, e quereis cumprir o desejo do vosso pai" (Jo 8,44); entre seus próprios amigos, Pedro, Judas. Ele o expulsa de inúmeros corpos onde se instalou. Mas a luta mais extraordinária que Jesus travará contra ele será exatamente ao estilo de seu pai José: completamente oculta, totalmente incompreensível, vista a partir de fora. Ela consistirá em entregar-se às estúpidas e criminosas invenções da perversidade diabólica, demonstrada claramente por essa fúria louca, desesperada, de uma injustiça total, pois ela se exerce contra o único Inocente perfeito que a terra jamais produziu. É a isto que São João chama *amor até o fim* (Jo 13,1).

O diabo nada pode compreender desse amor, de sua consistência, de sua eficácia, que farão explodir definitivamente a falsa prudência humana, a falsa justiça humana (sem as quais o diabo nada poderia) e todas as loucuras criminosas que os homens inventam, em nome de determinada ordem social.[2] No terceiro dia, a Vida esmaga a Morte, no momento em que ela acreditava haver definitivamente triunfado.

José preparou longamente Jesus para esse confronto, mediante uma tática que tentaremos ver de perto na última etapa de nosso percurso.

Um dos aspectos inegáveis dessa estratégia é a arte de esperar o momento favorável, como o caçador à espreita, e, também, a arte de resistir. Jesus parecia querer começar sua carreira de Messias aos doze anos ou, pelo menos, um tipo de carreira oficial. Ele precisará esperar, em total obliteração, até os trinta anos. "Um apagamento incompreensível para sempre...", como dirá Bossuet, mais escandaloso do que sua própria morte, que reveste uma espantosa grandeza, capaz de impressionar um pagão como o centurião. Em Nazaré, aos olhos humanos, não há nada. Na realidade, o tempo assume aí seu sentido pleno,

---

[2] Esses aspectos essenciais foram magistralmente estudados por René GIRARD, *Des choses cachées depuis le commencement du monde* (Grasset, 1978).

sua densidade total: ali se aprende, à perfeição, a arte do momento oportuno e da resistência, que são como a versão temporal *da pequena porta que bem poucos encontram e do caminho estreito que conduz à vida.*

José dá o exemplo: ele faz o que o anjo lhe diz, quaisquer que sejam a hora ou as circunstâncias. Ele cumpre até o fim seu dever singular.

Jesus aproveita os mínimos instantes para obedecer, aprender, crescer, em todos os sentidos do termo, humana e espiritualmente, diante de Deus e diante dos homens. Ele traduzirá, um dia, essa experiência, que é a de Nazaré e da vida eterna, na terra como no céu: "Meu Pai trabalha sempre, e eu também trabalho" (Jo 5,17). Ademais, quando aprendemos a viver aí (é todo o sentido do esforço que fazemos por meio desta reflexão que é, ao mesmo tempo, uma ação), percebemos bem que, seja o que vier, dor ou alegria, êxito ou malogro, estreiteza ou facilidade, nós construímos pela graça de Deus, nós avançamos! O tempo torna-se graça e, como ele jamais nos falta, a graça não nos falta jamais! O Pai pode alcançar em nós, nem mais nem menos, o Filho.

Viver na Sagrada Família é, portanto, aprender progressivamente quem é o Pai e, mediante o mesmo movimento, lutar contra o mal, ou seja, o que impede ver o Pai, o que o deforma ou mesmo perverte sua imagem. O silencioso, o noturno José, que é responsável por ela, coloca-nos diante dos olhos esta sentença de João da Cruz: "Para chegar ao santo recolhimento, não se consegue aceitando, mas excluindo". É o segredo do bom uso do tempo. O que se quer dizer?

Jamais sabemos o que é a verdade, como o desafortunado Pilatos. Ela é demasiado bela, grande demais, desmesuradamente simples, imensuravelmente nova para nós. Ela nos assustará! Não somos dignos dela! José não se sentia digno de Maria e do que ela carregava em si.

Por outro lado, há importunos por toda parte, imitadores perigosos, disfarçados de pastores, ou soldados de Herodes, que é preciso saber evitar.

A arte central da utilização do tempo é saber excluir o que é falso, viciado, inexato, indigno, impreciso. Aquele que se aproxima de Maria, como José, não se deixa seduzir facilmente! É o caso de Bernadete: as belezas mais sedutoras de Lourdes, no brilhante Segundo Império, não suportavam a comparação, "elas não o conseguem!".

Assim, sem saber demais como, ao eliminar o falso avança-se em direção ao verdadeiro. É assim que o astrônomo alemão Kepler, no fim do século XVI, sem dinheiro, sem instrumento, às voltas com a guerra e com dificuldades familiares cruéis, fez descobertas espantosas. Acreditava-se, desde sempre, que os astros seguiam uma circunferência em sua evolução. No entanto, nesse caso, um pequeno ângulo restava inexplicável na revolução do planeta Marte. Observações minuciosas tinham possibilitado perceber esse fato.

Por causa desse pequeno ângulo Kepler vai pesquisar durante uns vinte anos, persuadido de que o Criador haveria de propor uma solução harmoniosa para o problema que o absorvia. Por fim, bem no começo do século XVII, ele descobre que os planetas percorrem uma elipse! Sua alegria é imensa, como se ele tivesse penetrado os segredos de Deus, a mesma alegria que nós mesmos temos quando avançamos um pouco mais no mundo de José, nos segredos do Pai.

Quanto mais permanecemos com eles – Jesus, Maria, José – menos os ídolos, pequenos ou grandes, poderão satisfazer-nos; mais a mentira nos causará horror, sob todas as suas formas; mais chegaremos a entrever que a pobreza da primeira bem-aventurança é a chave da verdadeira posse.

Estamos na sexta etapa de nosso trajeto, aquela precisamente em que devemos aprender a persistir. Como não pensar na sexta Morada do *Castelo interior*?

Sim, ao refletir sobre essa Morada, a mais longa, a mais importante depois da indispensável passagem da quarta, última preparação para a sétima, a última, eu suplico aos anjos e aos santos que me venham ajudar. Viver o tempo com José, como Jesus deu o poderoso exemplo disso, é a condição para entrar na atenção com Maria. Todo pecado é uma distração, faz-nos sair da via, confisca de maneira lamentável algo de nosso olhar interior, de nossa energia vital, de nossa alma. Maria é a mulher totalmente atenta, porque todo o conjunto de seu ser é atraído unicamente por Cristo, seu filho e seu Deus. Viver o tempo com José é aprender a passar da distração para a atenção. Um trabalho que não acaba jamais! Eis por que as exigências da sexta etapa são tão grandes. Eis a razão pela qual José é tão útil.

O HOMEM DA QUARTA-FEIRA

Quarta-feira, quarto dia da semana judaica, sobre a qual está calcada a semana cristã, é o dia do meio: é o dia que uma tradição, que foi desaparecendo lentamente, ao longo dos séculos, findou por atribuir a São José. Se contemplamos o candelabro de sete braços, símbolo da rica ação divina no Espírito Santo, vemos que ele repousa sobre essa base que é o prolongamento do quarto braço, o do meio, ao redor do qual os demais se equilibram. Simbolicamente, essa consideração expressa uma realidade tão oculta quanto poderosa: sobre José é que o Pai quis fazer repousar o bom êxito da vinda e da formação de Jesus, ou seja, da descida da eternidade no tempo.

Diante dessa impensável descida, Péguy, a justo título, maravilha-se:

> [...] a técnica própria do Cristianismo, a técnica e o mecanismo de sua mística, da mística cristã, é essa: é uma endentação de uma peça de mecanismo em outra; é esse encaixe de duas peças, esse engaste singular, mútuo, único, recíproco, indissociável: indesmontável; de um dentro do outro e do outro dentro de um; do temporal dentro do eterno, e (mas, acima de tudo, o que é negado o mais das vezes, o que é, efetivamente, mais admirável) do eterno dentro do temporal.[3]

É dentro da casa de José, entre suas mãos, entre seus braços que acontece esse engaste. Eis por que convém eminentemente que ele seja o homem da quarta-feira, o dia em que, no Gênesis, de maneira tão inesperada, o autor faz nascer o tempo.

---

[3] Véronique. Dialogue de l'Histoire et de l'âme charnelle. In: *Oeuvres en prose*. La Pléiade, 1909-1914. p. 384.

O tempo dos homens começa no quarto dia pela criação do sol e da lua, bem como das estrelas, mencionadas de passagem. Na verdade, pudicamente, são chamadas de *grandes luzeiros*, pois são tão belos, tão onipresentes, tão essenciais à vida do homem, dia e noite, que o perigo é grande de adorá-los, como o faziam os outros povos! Com efeito, o serviço que se lhes pede, além de seus insubstituíveis luz e calor de vida, é assinalar o tempo. O sol ocupa-se do ano, que ele regula mediante as estações, "coisa maravilhosa é a obra do Excelso!" (Eclo 43,2). O Sl 19(18) evoca seu surgimento, "como o esposo do quarto nupcial" (v. 6). Quanto à lua, ela marca os meses com uma fidelidade que enchia os antigos de admiração (Eclo 43,6-7):

> Também a lua, pontual em suas fases,
> indica as datas e é um sinal do tempo.
> Da lua vem o sinal do dia festivo; [...].

As estrelas servem de decoração, para emoldurar esses movimentos e oferecer balizas.

No entanto, o que vemos no Gênesis? José, filho de Jacó, aos dezessete anos, vê, em um campo, feixes que seus irmãos e ele atavam. *Seu feixe se ergue e fica de pé; os de seus irmãos o rodeiam e se prostram* (cf. Gn 37,7). Sonho premonitório que se realizará: é a homenagem da terra que essa grande personagem receberá no Egito.

Mas este sonho não passa de uma introdução à homenagem do céu:

"'Tive outro sonho', disse, 'e vi que que o sol, a lua e onze estrelas se inclinavam diante de mim'" (Gn 37,9). Os astros do tempo se inclinam diante desse homem escolhido para salvar seu povo e introduzir o misterioso *salvador do Salvador*, cuja grandeza só se iguala ao humilde retraimento.

A reflexão judaica a que chamamos *Midrash* produz, a propósito dos sonhos, uma sentença das mais interessantes:

> Os sonhos dos iníquos
> nem são do céu nem da terra,
> mas os sonhos dos justos
> são do céu e da terra.
> *Tan'houna.*[4]

Significa dizer que os maus e seus sonhos pertencem a esse triste "entre dois", que não é nem o céu nem a terra, nem sim nem não, que Jesus denuncia como o domínio do Maligno. Aquele a quem chamamos *justo*, ao contrário, mora com o justo José, nessa Nazaré espiritual onde precisamente o céu e a terra se encontram, a terra a introduzir o céu, o temporal humano a tornar-se apoio para o eternal. Eis o segredo do tempo, vivido com José: ainda que, por vezes, se assemelhe a uma caminhada pelo deserto, ainda que pareça aflitivo, negativo aos olhos humanos, a fé nos assegura que ele constrói. Quanto mais acreditamos, mais isso é verdadeiro, pois o Pai não pode recusar nada a esse filho que combate de acordo com as regras, como o atleta na luta esportiva... ou o agricultor que labuta (cf.

---

[4] Cf. EISENBERG, Josy; GROSS, Benno. *Un Messie nommé Joseph*. p. 74.

2Tm 2,5-6). "Se resistimos com ele, também com ele reinaremos" (2Tm 2,12).

No sonho, é também significativa a menção das onze estrelas. Elas lembram o humilde começo da Igreja. Humilde mas fundamental, pois é a Igreja dos Onze que celebrou a ceia, ouviu as admiráveis recomendações que se seguiram, testemunhou a Morte e a Ressurreição do Senhor, reencontrou o Ressuscitado, assistiu à sua Ascensão gloriosa, preparou Pentecostes. Certo José, chamado o Justo, havia sido apresentado para completar o colégio dos Apóstolos até o número doze, número da Igreja... Mas não: ele foi descartado em prol de Matias. José aparece ainda como uma nuvem fugitiva, para desaparecer (cf. At 1,23).

A PLENITUDE DO TEMPO

Uma coisa é certa e suas proporções são insondáveis. É nos braços de José que a História alcançou o que São Paulo chama *a plenitude do tempo* (cf. Gl 4,4). O que é a plenitude do tempo? Esse acontecimento feliz para o qual trabalha todo o esforço da criação, rumo ao qual tende todo o ânimo da História, sem que os homens geralmente estejam conscientes disso (somente os santos o estão!): dar filhos ao Pai. O sinal próprio desse acontecimento é poder chamar o Pai de "Abba", "Papai", o que os judeus não sabem fazer, por enquanto. A história do povo eleito é uma lenta subida rumo a esse acontecimento de que os braços de José são testemunha, "esses braços em que Jesus tanto se comprazia!", como diz São Francisco de Sales.

O drama da vida humana é que os seres humanos são escravos de forças obscuras, como diz São Paulo, e que adquirem uma mentalidade de escravo que perverte tudo, até mesmo a Lei. A Lei é boa: ela é feita para libertar os indivíduos de suas cadeias internas e, por isso mesmo, o corpo social todo, onde a vida começará a tornar-se vivível... A sociedade não será mais esse antro, esse campo fechado de vinganças permanentes, de rapinas e de confrontos estéreis. Infelizmente, a Lei, que devia preparar o leito do amor, tornou-se, ela mesma, uma cadeia, sublinhando a fraqueza e a loucura dos homens, agravando ainda mais a escravidão da pobre humanidade. É a constatação desesperadora da Epístola aos Romanos, até que o Espírito filial de Jesus, fruto do Sangue derramado por amor, venha, por fim, everter todos os dados e devolver aos homens os segredos do início.

Os profetas, com as luzes do Espírito, é verdade, tinham pressentido todas essas maravilhas. Jeremias, de modo particular, fica com lágrimas nos olhos por causa da sua espera, a um tempo desesperada e perfeitamente confiante de uma verdadeira proteção paternal. Que dizer de Oseias, no capítulo 11? Que dizer de Isaías, no capítulo 54? "Por um breve instante eu te abandonei, com imenso amor de novo te recolho. Na raiva, por um momento eu te escondi meu rosto, com amor eterno voltei a me apaixonar por ti [...]" (Is 54,7-8).

Infelizmente, os olhos não veem e os ouvidos não ouvem por uma razão relativamente simples: o feixe de forças que correspondem à verdadeira atenção é desorganizado. Os centros de interesse estão alhures, o olhar da alma está, por assim dizer, desviado, a força vital está como que confiscada. Basta apenas observar, por exemplo, como a ansiedade pode alienar, no sentido próprio do termo ("tornar diferente de si mesmo"), um ser humano, mesmo se ele é inteligente, generoso, culto! Que dizer das paixões mais baixas, como a inveja, o ódio, o instinto de dominação, o desespero, o medo...?

Chegando ao final de sua longa viagem, a comunidade dos filhos de Israel tem todos os elementos para descobrir que Deus é um Pai e que ele quer, a todo custo, que nós o consideremos como tal, a fim de que ele possa, enfim, mostrar-se tal, e o livro da Sabedoria, o último livro da Antiga Lei, testemunha-o: "Mas é a tua Providência, ó Pai, que segura o leme, [...]" (Sb 14,3). Mas ela conserva sua mentalidade escrava. É preciso que o próprio Filho venha viver coisa completamente diferente em seu meio.

> Assim, nós também, quando éramos menores, estávamos escravizados aos elementos do cosmo. Quando se completou o tempo previsto, Deus enviou seu Filho, nascido de mulher, nascido sujeito à Lei, para resgatar os que eram sujeitos à Lei, e todos recebermos a dignidade de filhos. E a prova de que sois filhos é que Deus enviou aos nossos corações o Espírito do seu Filho, que clama: "Abbá, Pai!". Portanto, já não és mais escravo, mas filho; e, se és filho, és também herdeiro; tudo isso, por graça de Deus (Gl 4,3-7).

Para aqueles que começam a compreender, o Espírito faz escolher instintivamente, a partir de dentro,[5] o que a

---

[5] É o que Santo Tomás de Aquino chama *"instinctus Spiritus Sancti"*, o instinto do Espírito Santo.

Lei sugeria autoritariamente a partir de fora: a diferença é radical. É esse acontecimento que constitui a plenitude do tempo.

Compreende-se que um espírito tão esclarecido como São Francisco de Sales tenha entrevisto a novidade total daquilo que representa a confiança afetuosa de Jesus nos braços de José: "Não concebo nada de mais doce à minha imaginação do que ver esse celeste pequeno Jesus nos braços desse grande Santo, chamando-o mil e mil vezes papai, em sua linguagem infantil e com um coração filialmente pleno de amor" (carta a Dom Camus, março de 1609). Mediante essa visão de Jesus pequenino nos braços de José, envolto em manto vermelho, é que se concluem os cento e cinquenta e três dias (o número da última pesca milagrosa, em São João) das aparições de Fátima, como para mostrar uma perfeição bem maior do que "a dança do sol", que tanto impressionou as pessoas.

Jesus diz-nos: "Em verdade vos digo, se não vos converterdes e não vos tornardes como as crianças, não entrareis no Reino dos Céus. Quem se faz pequeno como esta criança, esse é o maior no Reino dos Céus" (Mt 18,3-4). Como podemos assumir tal caminho?

Penso que é aqui que a coincidência dos contraditórios alcança um tipo de ápice: viver o tempo com José (quando aprendermos a fazê-lo!) não é envelhecer, endurecer-se, cobrir-se de hábitos e de conhecimentos, mas rejuvenescer, flexibilizar-se e simplificar. É todo o trajeto de Teresa do Menino Jesus, sobre o qual medita um grande teólogo contemporâneo: "É uma das maravilhas do relacionamento com Deus que a maturidade e o espírito de infância cresçam na mesma medida".[6]

No fundo, ao refletir sobre isso, nós seguimos temporariamente o caminho exatamente inverso ao de Jesus: Jesus parte do Natal, misteriosa união entre o céu e a terra, onde os anjos e os homens parecem unidos como jamais o serão, e caminha rumo a seu Batismo. Esse Batismo, lentamente preparado por José, reveste-se de um aspecto totalmente significativo: a descida às águas do Jordão, com os pecadores, é a imagem da morte de Jesus; a subida é a imagem da Ressurreição; e a bênção do Pai, com a presença do Espírito, a imagem de Pentecostes. Os três anos de vida pública não passam do desenvolvimento desse Batismo: "Fogo eu vim lançar sobre a terra, e como gostaria que já estivesse aceso! Um Batismo eu devo receber, e como estou ansioso até que isto se cumpra!" (Lc 12,49-50). Jesus trabalha para o fogo do Espírito, cuja condição é a água da morte.

Jesus foi até o fim de sua missão: sua morte, ele a enfrentou em toda a sua brutalidade, com a doçura do "[...] cordeiro levado ao matadouro ou ovelha diante do tosquiador, ele ficou calado, sem abrir a boca" (Is 53,7). "[...] O castigo que teríamos de pagar caiu sobre ele, com os seus ferimentos veio a cura para nós" (Is 53,5).

Nós, ao contrário, na imensa misericórdia de Deus, partimos do Batismo, onde morremos, ressuscitamos com Jesus, quando recebemos *os penhores do Espírito*

---

[6] VON BALTHASAR, Hans Urs. *De l'intégration, aspect d'une théologie de l'histoire*. DDB, 1970. p. 108.

Santo (cf. 2Cor 1,22): o que é a porta de saída para Jesus torna-se porta de entrada para nós! Jesus sai da Sagrada Família, por seu Batismo, para que possamos entrar aí mediante o nosso (que é, ainda, o dele...). Dessa forma, temos o direito de ter Maria por mãe e, por meio dela, José como pai. Podemos caminhar rumo à infância, rumo ao Natal, rumo à plenitude dos tempos! Nossa morte deveria ser o *dies natalis* dos antigos, o dia de nosso nascimento para a vida eterna! Admirável inversão! Incompreensível movimento do tempo! Experiência perturbadora!

Assim, esse patinhar da vida humana, tão banal, tão morno, às vezes tão bloqueado em suas perspectivas, se nós o vivermos lá, faz-nos avançar rumo "ao começo"! "O começo" é o mundo do Pai que Jesus vem restabelecer para poder entregá-lo, um dia, em suas mãos. Um dia, com efeito, "será o fim, quando ele entregar a realeza a seu Deus e Pai", após ter destruído todas as forças inimigas, sendo a última a morte... (cf. 1Cor 15,24-26).

Como o Jordão, cujas águas refluem rumo à sua fonte no momento em que os hebreus o atravessam a fim de entrar na terra prometida (cf. Sl 114[113A], 3), o tempo vivido com José dirige-se ao começo. Alhures, ele vai rumo ao nada... a menos que a gente se converta. Sim, entrar na Sagrada Família, vivendo seu Batismo, é caminhar na noite da fé rumo à luz do Natal, é começar a conhecer a alegria secreta, prometida por Maria, no dia 18 de fevereiro de 1858, à pequena Bernadete, a do "outro mundo", no coração deste mundo.

O ESPAÇO E O TEMPO

O tempo não nos deixa jamais... agora, porém, que os anjos começam a mostrar-nos seu rosto como o do Pai (sem dúvida porque nós nos tornamos um pouco como crianças!), a exigência da atenção redobra. Já não é questão de viver por acaso, de deixar-se levar pela fantasia; não importa como, é preciso, como Jesus e nele, observar atentamente o que o Pai diz através dele, nessa realidade sempre nova que o apresenta, essa realidade que nos faz avançar "de começo em começo, até o começo eterno", segundo a admirável palavra de São Gregório de Nissa.

Poder-se-ia crer que isso é árduo, que é o fim de toda espontaneidade e que, visto que se deve virar as costas ao Egito, a suas seduções, a sua escravidão universal, está-se "condenado à liberdade", para falar como Jean-Paul Sartre! São Paulo diz, ademais, alguma coisa nesse teor: "Libertados do pecado, vos tornastes servos da justiça" (Rm 6,18), escravos da verdade... Mas ele acrescenta que essa é uma maneira de falar completamente humana, adaptada à nossa mentalidade deformada. Ser escravo do pecado é ser escravo da ilusão, é caminhar rumo à esterilidade, à destruição, ao desgosto, ao nada; ser escravo da santidade é rejuvenescer, respirar, caminhar rumo a um tipo de sinfonia onde tudo fala, tudo comunica. É viver sobre a terra esse novo tempo de que fala Jesus à samaritana: "Mas vem a hora, e é agora, em que os verdadeiros adoradores adorarão o Pai em espírito e verdade" (Jo 4,23).

Em uma palavra: é entrar nesse jardim secreto que é a Virgem Maria, no qual Deus tanto se compraz.

Ela é, na terra, um santuário que Deus enche de maravilhas, e no qual ele quer repousar de maneira nova. Ela é um novo paraíso, não terrestre como o de Adão, que foi destruído por seu pecado, nem celeste como o dos anjos, que é somente no céu, mas ela é na terra um paraíso celeste que Deus plantou com sua mão e que seu anjo conserva para o segundo Adão, para o rei do céu e da terra, que deve habitá-lo. Mas isso está oculto a seus olhos [...].[7]

Tudo é encoberto por José, tudo é enterrado no segredo desse filho de Davi que é o responsável e o protetor do espaço (cf. Mt 1,20) onde os homens, resgatados pelo Sangue de Cristo, devem aprender a torna-se filhos no Filho, reis do céu e da terra. Se Maria é o segredo desse novo espaço, José é o segredo desse novo tempo que permite a entrada nele. Com efeito, o que caracteriza o espaço marial é uma qualidade superior de atenção, essa atenção amorosa que é a obra-prima do Espírito Santo e que torna possível essa atenção; é a arte de deslizar no tempo sobre a realidade, como o pássaro no ar, levando em conta todo o real, sem se deixar atolar ou perturbar por nada. Que arte! É preciso todo o realismo e todo o distanciamento de José.

Esse espaço e esse tempo, tão novos, tão humildes e tão grandes, constituem a verdadeira Jerusalém, onde tudo deve cumprir-se (Sl 116[114+115],18-19):

Vou cumprir minhas promessas ao SENHOR
diante de todo o seu povo,

---

[7] BÉRULLE. Texto citado por Padre REGAMEY, *Les plus beaux textes sur la Vierge Marie* (La Colombe, 1946. p. 240).

nos átrios da casa do SENHOR,
no meio de ti, Jerusalém.

Não se trata mais de uma cidade geográfica, como enfatiza Jesus à samaritana, mas de uma cidade espiritual, da qual Nazaré foi e pode ser ainda hoje, se quisermos, a realidade. Nazaré, na Galileia, no norte do país, na parte desprezada porque penetrada pelas influências pagãs, justamente lá onde deve manifestar-se o Filho ressuscitado: "Não vos assusteis! Procurais Jesus, o nazareno, aquele que foi crucificado? Ele ressuscitou! Não está aqui. Vede o lugar onde o puseram! Mas ide, dizei a seus discípulos e a Pedro: 'Ele vai à nossa frente para a Galileia. Lá o vereis, como ele vos disse!'" (Mc 16,6-7). Palavras de anjos, palavras de Deus.

"Com que ainda podemos comparar o Reino de Deus?" (Mc 4,30), perguntava-se Jesus, pensando em seus interlocutores. Como falar do assunto que nos interessa? Como fazer compreender realidades que são, de fato, bem simples e bem realistas? O mistério de Cristo passa intimamente por José e Maria, como o mistério da vida humana se desenrola no espaço e no tempo. Essas verdades não se deixam conhecer senão pela experiência. Elas não têm, em si, contrariamente ao que se poderia crer, nada de intelectual. Trata-se de viver o tempo com Jesus como uma obediência ao Pai e, por isso, é preciso deixar-se gerar pelo Espírito "à sombra do santo Matrimônio": Maria faz-nos viver a atenção para com o real, cujo segredo ela possui, e José cria essas condições de paz, de distanciamento, de fé em Cristo e, de modo especial, de paciência, indispensável à ação de Deus.

Deus precisa de tempos e, bem especificamente, de tempos silenciosos (ao que São João da Cruz chama de *callado amor*, amor silencioso) para fazer seu trabalho. Vê-se bem isso no episódio da mulher adúltera: diante dos homens furiosos que querem apedrejar a mulher, Jesus escreve calmamente no solo, sem nada dizer, como que simplesmente para ganhar tempo. Efetivamente, tudo vai everter-se de maneira inesperada nos duros corações. Jesus concede a si mesmo longos momentos de oração solitária e noturna depois de seus quarenta dias de retiro no deserto.

Tudo isso é fruto da longuíssima aprendizagem do tempo do Pai que Jesus deve fazer com José em Nazaré. Ele, que é tão grande, contrariamente a seus compatriotas da Galileia, não se sente absolutamente o chefe desse tempo: "[...] Ainda não chegou o tempo certo para mim. Para vós, ao contrário, é sempre o tempo certo. A vós o mundo não pode odiar, mas a mim odeia, porque eu dou testemunho dele, mostrando que suas obras são más" (Jo 7,6-7). O tempo do Pai é um presente, sempre novo, inédito, exigente, do qual não se deve evadir pelo sonho, pelas lembranças inúteis, pela imaginação desabrida, pela distração... Não há nada de mais rigoroso, nada de mais importante.

Jesus aprendeu-o por meio de José e de Maria, os quais, por sua vez, aprenderam tudo levando em conta as reações surpreendentes de alguns que eles descobriram sempre mais e mais: eles haviam ficado tão espantados ao ouvir as profecias feitas a respeito de Jesus, no templo, quando ele era pequeno! (cf. Lc 2,23). Não haviam compreendido nada de sua resposta quando de sua famosa escapada para o templo, aos doze anos!

Como poderíamos aprender verdadeiramente o tempo do Pai sem passar pelos mesmos caminhos de Jesus?

Uma coisa é certa: esse tempo, bem vivido, leva a uma perfeição do serviço e do amor: "Antes da festa da Páscoa, sabendo Jesus que tinha chegado a sua hora de passar deste mundo para o Pai, tendo amado os seus que estavam no mundo, amou-os até o fim" (Jo 13,1). E João mostra Jesus, *sabendo que o Pai tudo colocara em suas mãos*, lavando humildemente, como um escravo, os pés de seus apóstolos, como se uma ação desse tipo caracterizasse perfeitamente o mundo do Pai, esse mundo traduzido por José. A conclusão é clara: "[...] também vós deveis lavar os pés uns aos outros" (Jo 13,14).

A MAGIA DIVINA

Esta cena de São João dá o tom do que poderíamos chamar "a magia divina", a arte divina de tudo fazer cooperar com o amor humilde como em uma sinfonia onde, de maneira quase mágica, tudo concorre, por meio de sons, de timbres, de ritmos, de sábios entrelaçamentos, para a simples beleza. A magia divina de que se admirava Einstein ao pensar no imenso caos dos fenômenos da natureza, observados pela física, que se traduzia, em definitivo, por meio de leis simples, coerentes, harmoniosas.

A magia divina é o oposto exato da magia humana, inspirada com muita frequência pelo diabo, contra a qual a Bíblia adverte mui severamente.

A magia humana está voltada para a busca do saber e, portanto, do poder, com vistas a subjugar e a esmagar os outros a fim de lhes impor a superioridade contestável de determinado indivíduo. Esta é a razão pela qual a ela recorrem certos maiorais deste mundo, desde a ímpia Jezabel, do livro dos Reis, até Hitler, bem como infelizes desgarrados que querem garantir-se, vingar-se, saciar suas paixões...

A magia divina, ao contrário, está voltada ao serviço dos pobres, no mais humilde desvanecimento. Sua divisa, baseada na confiança total na Providência, é dada pela Epístola aos Romanos: "Sabemos que tudo contribui para o bem daqueles que amam a Deus, daqueles que são chamados segundo o seu desígnio" (Rm 8,28). Tudo, absolutamente tudo, concorre para fazer evoluir favoravelmente o coração do homem que vive o tempo com José, ou seja, nesse clima bem particular de humildade, de modéstia, de paciência e de confiança absoluta que os santos experimentaram, de fato, sem o ligar a essa *sombra do Pai* que eles não conheciam.

É essa magia divina que reveste de esplendor os lírios dos campos, dá às cores do sol poente toda a sua significação, chama as estrelas pelo nome, como diz o profeta. É ela também que faz a malignidade e a loucura dos homens servirem a desígnios admiráveis onde tudo se everte, como se vê na história do antigo José, vendido por seus irmãos como um escravo vulgar e que vai tornar-se salvador deles. São Paulo expressa os prodígios, nele, dessa desconcertante ação: "[...] e me comprazo nas fraquezas, nos insultos, nas dificuldades, nas perseguições e nas angústias por causa de Cristo. Pois, quando sou fraco, então sou forte" (2Cor 12,10). A cruz de Cristo é o triunfo desse poder de transformação, absolutamente inapreensível, da força do Espírito de amor que irromperá, literalmente, na Ressurreição.

Por que chamá-la magia se ela designa o oposto do que essa palavra normalmente exprime? Porque, de fato, é Deus o verdadeiro mágico que os outros tentam macaquear, como os mágicos da corte do faraó tentam reproduzir os prodígios operados por Moisés. O Senhor utiliza as forças da natureza, os acontecimentos da História, todo um jogo de encontros, tudo o que constitui a realidade habitual do homem para falar-lhe, alcançar-lhe o coração, instruí-lo, encorajá-lo, fazer com cada homem o que o Pai faz com Jesus, no Evangelho. Contrariamente ao que se acredita, ele não ama nem as visões, nem as revelações, nem os fenômenos extraordinários, nem os milagres, observa São João da Cruz, e quando recorre a eles é porque "não pode fazer diferentemente".[8] O Senhor ama demais a liberdade humana, ele a respeita demasiado para tentar fasciná-la ou seduzi-la!

Infelizmente, com muita frequência, o homem não compreende nada dessa linguagem, ou até mesmo a interpreta completamente ao contrário, como os judeus notáveis que querem suprimir Jesus, supostamente para salvar o povo! Com efeito, apesar deles, eles vão realizar a profecia.

Aquele que consegue entrar na Sagrada Família e aí permanecer vê o Pai trabalhar, na simplicidade da existência,

---

[8] *Subida do monte Carmelo*, III, cap. 31-39.

através do humilde José. Ele não pede sinais particulares, a menos que o próprio Senhor lhos conceda, como foi o caso do rei Acaz, no momento em que a virgem gera o Emanuel: "[...] o próprio Senhor vos dará um sinal" (Is 7,14).

Libera-se, então, bem simplesmente, tal força de engenhosidade, de coerência, de presença, nos menores intervalos, que se compreende a notável profecia de Santo Inácio de Antioquia, no texto já citado sobre a Encarnação, que faz desaparecer toda magia. O sol torna inútil a pobre pequena lâmpada elétrica: com muito mais razão, a força completamente simples do amor e da verdade, quando se permite que ela se manifeste, aniquila os prestígios da mentira e da ilusão.

Compreende-se também por que os magos foram atraídos para esse lado. Esse astro tão misterioso, ora visível, ora invisível, que põe a caminho mas não dispensa as buscas, é a imagem perfeita do que faz José na Igreja:, a fim de conduzir os espíritos vigilantes, daí que eles chegam ao *Menino e a Maria, sua Mãe* (cf. Mt 2,11). Quando forem entrevistas as maravilhas do mundo que lhe é confiado e da formação que ele dá, da parte do Pai, compreender-se-á que é aí que Deus trabalha para levar o tempo à plenitude: "[...] reencabeçar tudo em Cristo, tudo o que existe no céu e na terra" (Ef 1,10). E é ali, e não alhures, que se quererá saborear a extraordinária novidade do mais modesto dos nossos instantes.

A história de Bernadete é uma insigne demonstração daquilo a que chamei magia divina: desde a pobreza excepcional de sua juventude até o aniquilamento não menos tocante de sua maturidade, nela tudo se desenrola de maneira eminentemente expressiva. Nela tudo traduz a presença de "outro mundo".

O cura de Lourdes, aliás, reconhecia-o, não sem admiração, na primavera de 1858: "Tudo se desenvolve nela de maneira espantosa!". As palavras, os gestos, as conjunções de datas, como vimos, os frutos que ela produz, o movimento que ela suscita no coração de Lourdes, proveniente unicamente dela, esse movimento espiritual profundo, de dimensão internacional, tudo fala uma linguagem que não é a linguagem habitual dos homens.

Sem que tenha feito nada de extraordinário, tudo se torna extraordinário nela, para quem sabe enxergar com os olhos da fé e, sem ver o que seus olhos viram, pode-se ver, através dela, para além dos costumeiros horizontes. Pressente-se o que a humanidade poderia tornar-se, cada um de nós, se ela soubesse encontrar os caminhos que levam a Nazaré. Que simplicidade, que força, que inteligência profunda, que amizade, que coragem, que beleza!

A história de Emanuela

A história de Bernadete, a história de Lourdes, ontem e hoje, a Transfiguração da *Tute aux cochons* ["Loca dos porcos"] mal-afamada de Lourdes, nessa Gruta onde pessoas do mundo inteiro vêm orar, tudo isso ilustra perfeitamente o que pode conceder o tempo do Pai quando José e Maria encontram um bom terreno. Que demonstração daquilo a que chamei, não sem audácia, magia divina! Gostaria de dar um exemplo pessoal disso, como muitos poderiam contar algo semelhante. O detalhe de tudo ficará presente, sem dúvida, até os confins de minha memória.

Tudo começou durante a missa, na Basílica de São Pio X, em Lourdes, no começo do Congresso Eucarístico de 1981. Havia cerca de vinte mil pessoas... Cumprimento meu vizinho, um jovem alto, no momento da saudação da paz. Eu o revejo no dia seguinte no confessionário e o reconheço. Durante a última cerimônia, tão tocante, a missa de ordenação, que reunia quase noventa mil pessoas, cruzamo-nos ainda uma vez: surpresa, troca de endereços. Daí nasceu uma correspondência amical que se concentra, bem cedo, no Instituto Notre Dame de Vie, em Vaucluse, onde esse jovem volta à formação e me convida vivamente a ir visitá-lo.

Dois anos mais tarde, decido-me bruscamente a aproveitar as férias de fevereiro, no Seminário de Bayone, para fazer essa viagem. Sem tê-lo premeditado, aconteceu no dia 11 de fevereiro, aniversário das aparições, dia particularmente luminoso naquele ano. Nos arredores de Lannemezan, lendo no trem a pequena Bíblia de Jerusalém e, de modo especial, o início tão amado do terceiro capítulo da Carta aos Colossenses, eu me balançava, como os judeus... "Se ressuscitastes com Cristo, / buscai as coisas do alto, onde Cristo está entronizado / à direita de Deus; [...]" (a gente se nutriria da Escritura se soubesse, seguindo os passos de Marcel Jousse, memorizar, balançando-se, esses textos que foram pensados e redigidos em movimento). Uma jovem de uns vinte anos, bastante graciosa, aproxima-se de mim: "Permite-me? — Ora, fique à vontade..." Havia lugares em toda parte, mas ela queria aquele lugar. "O senhor está lendo a Bíblia? — Sim, escute como é bela esta passagem: "Se ressuscitastes com Cristo...". E li para ela todo o trecho. Ela o achou muito bonito.

A sequência foi tão simples quanto memorável. Ela me conta toda a sua vida, sua tentativa de suicídio havia dois anos, a pouca confiança que tem nas pessoas, à parte raras exceções, dentre as quais o estudante de Montpellier que ela ia visitar, precisamente. Eu lhe conto o que faço no seminário e, acima de tudo, nesse mês consagrado, cada ano, às confissões em Lourdes. Falo-lhe de Bernadete e de José, que eu estava descobrindo com crescente admiração. Para minha grande surpresa, ela está entusiasmada. Não se cansa... Felizmente, trazia comigo um pão de campanha e um patê bastante generosos, que ela comeu abundantemente e com vivacidade. Os símbolos estavam presentes em toda a sua riqueza...

Essa conversa durou horas, sem a menor fadiga. Às duas horas da tarde ela me tratava com familiaridade e me chamava pelo nome, com a mesma naturalidade com que Maria tratava cerimoniosamente Bernadete. Em Montpellier, por volta das três horas, ela se levanta para desembarcar, inclina-se para mim e me beija afetuosamente, fazendo-me prometer nunca esquecê-la, ainda que jamais voltássemos a reencontrar-nos. Eu lhe prometo.

Como esquecê-la? Pouco tempo depois, conforme combinado, escrevo-lhe para dar-lhe alguns conselhos, e ela me responde, no dia 19 de junho de 1983, com uma carta admirável, na qual ela evoca nosso "encontro magnífico [...] magnífico porque é um dos raros momentos, em minha vida, de confiança plena, como se nossas duas vidas, nossas duas linhas de vida se encontrassem para formar somente uma, em total harmonia, em perfeita compreensão". No final da carta, ela me chamava de "seu pequeno José"! e me prometia fazer tudo o que lhe dissesse.

No dia 9 de novembro de 1984, recebi uma carta da mãe dela, que não me conhecia, mas a quem a filha de mim muito falara, e ela queria deixar-me a par do que acontecera. Emanuela fora atropelada por um caminhão quando pilotava sua moto, ao meio-dia, sem dúvida ofuscada pelo sol. Tivera morte instantânea. "Bela, não desfigurada, em absoluto", era quarta-feira, dia 31 de outubro, às quatro horas da tarde. Como não acreditar que Emanuela juntou-se a Bernadete e que elas fazem parte, ambas, daqueles a quem chamamos santos. Estou certo de que elas trabalham com os anjos, indispensáveis para fazer conhecer o mistério mais oculto que existe, onde nenhum raciocínio humano, nenhuma demonstração pode penetrar, visto que é o mais insubstituível e o mais útil de todos, por enquanto: o da paternidade de José, condição da maternidade de Maria e da presença habitual do Espírito de Cristo no homem. Como fazer compreender que as três realidades estão perfeitamente ligadas e em ordem?

7. SER FILHO DE JOSÉ

UMA URGÊNCIA: DESCER A NAZARÉ

Era preciso que este capítulo fosse simples! Mas a simplicidade é um dom, uma realização: o trabalho contribui com ela sem jamais ter direito sobre ela. A simplicidade é um encontro feliz entre o Criador, tão rico e tão simples ao mesmo tempo, e sua criatura, quando ela toma consciência de sua indigência e começa a amá-lo, a fim de melhor abrir-se à riqueza divina. A simplicidade é o próprio Cristo, em quem o Pai expressa tudo mediante o Espírito, tudo recapitula, como diz São Paulo, traduz tudo o que ele é por meio de uma única Palavra.

Maria é a mãe de Cristo: em 431, a Igreja reconhece-a como a Mãe de Deus, mas, nem sempre inspirados pela simplicidade divina, pela humildade divina, os homens da Igreja têm a tendência de vê-la muito alto... Teresa do Menino Jesus queixa-se de que Maria seja colocada tão longe, tão inacessível. Assim que Paulo VI, no dia 21 de novembro de 1964, proclamou Maria Mãe da Igreja, o povo cristão aplaudiu longamente. Essa mãe aproxima-se, como se aproximou de Bernadete. Se quisermos, ela está aí, bem perto, traduzindo a maternidade do Espírito (os peregrinos de Lourdes têm disso um tipo de experiência).

José tornou-se o pai humano de Jesus. As consequências são incalculáveis: de início, é nele que desceu de maneira plena e original a paternidade do Pai único de Jesus e de todos os homens, em Jesus: "[...] meu Pai e vosso Pai, meu Deus e vosso Deus" (Jo 20,17), exclama ele.

Da mesma maneira que compreendeu, lentamente, a maternidade de Maria, a Igreja deve, paulatinamente, compreender a paternidade de José, descobrir os vestígios da obediência de Jesus, aceitar os exercícios práticos descendo a Nazaré, onde nos espera a simplicidade divina. Com efeito, não há dúvida de que Maria, e a seguir José, constituem, juntos, o segredo dessa simplicidade.

Poder-se-ia objetar que não se sabe nada sobre Nazaré, visto que, por razões profundas, a Escritura não fala dela. Quanto a mim, penso o contrário: tudo o que pudemos adivinhar de inteligente, tudo o que pudemos experimentar em matéria de amizade, a experiência das experiências, que foi como a chave da busca da verdade para alguém como Santo Agostinho, em uma palavra: tudo o que é verdadeiro, vem da Sagrada Família e retorna para ela, e reconduz o homem como o Pai reconduz seu Filho no Espírito.

Poder-se-ia contrapor que Jesus não ficou na Sagrada Família: toda a nossa meditação tenta mostrar que Jesus não sai dali, com a idade de trinta anos, senão para que possamos entrar ali! Ele vive um Batismo que assumirá a forma de sua morte na cruz e da sua Ressurreição; ele nos aplica os frutos delas em Pentecostes, a fim de que todos os homens possam tornar-se filhos da Sagrada Família. O Pai quer fazer-nos entrar livremente lá onde ele formou seu Filho, visto que pelo Sangue desse Filho bem-amado tornamo-nos seus filhos. Nosso Batismo permite-nos entrar pela porta que Jesus usou para sair: ali é que se cruzam os destinos daquele que é Deus e se torna homem entre os pecadores, de um lado, e, de outro, os pecadores que somos nós somos convidados a caminhar em direção à divinização. O Batismo de Jesus é como um ponto de partida, ponto de partida *do tempo em que Jesus caminhou à nossa frente* (cf. At 2,22).

Cada um deverá encontrar Nazaré em seu próprio estilo, com suas possibilidades, sua vocação original. Minha Nazaré não se parece com a do Padre de Foucauld, embora lhe deva muito: como não amar uma aventura tão radical? Como não sentir-se filho espiritual do Abade Huvelin, sobretudo quando ele escreve que é o próprio Jesus que constrói, em nós, essa Nazaré espiritual com suas duas mãos? Suas duas mãos, das quais, pouco a pouco, nós nos fazemos uma ideia menos abstrata, pois elas são singularmente concretas (espiritualmente), personalizadas, vívidas!

Aprender a viver em Nazaré é reencontrar os segredos que propunham os profetas de Israel, como Isaías, por exemplo: "Assim disse o Senhor DEUS, o Santo de Israel: 'Na conversão e na serenidade está a vossa salvação, na calma e na confiança, a vossa força'. Não aceitastes, porém, [...]" (Is 30,15).

A conversão, o desarraigamento do mundo falso do mal e da mentira são a especialidade de José, aquele que nos faz "morrer" à loucura do pecado. A calma do coração obediente e habitado é a de Maria, submissa a seu esposo. A perfeita confiança no amor do Pai é o que Jesus vive por nós.

Nesse mesmo espírito, podemos ler o texto de Miqueias (6,8), resposta aos que estão dispostos a tudo, até mesmo a loucuras criminosas para angariar o favor de Deus...: "Já te foi indicado, ó homem, o que é bom, o que o SENHOR exige de ti. É só praticar o direito, amar a misericórdia e caminhar humildemente com teu Deus". José, *o justo*, serve de guia para o primeiro ponto, Maria para o segundo e Jesus realiza perfeitamente o terceiro.

Junto a José vive-se como que naturalmente essas maravilhas tão indispensáveis quanto impossíveis, para homens complicados e desfigurados como nós e, de maneira prática, no nível "dos pés e das mãos". Desde os primeiros instantes das "aparições", Bernadete deve aprender uma arte nova em sua maneira de fazer o sinal da cruz, de cumprimentar, de fazer gestos de penitência.

Com efeito, o homem é convidado por esse mestre singular a uma nova maneira de pensar: ele não fala, como se não pensasse, mas faz exatamente tudo o que deve fazer. O pensamento não é mais um mestre, aqui, como ele quase sempre é; ele é apenas um humilde servidor de um desígnio que o excede. Escândalo para os orgulhosos! Maravilha para o coração humilde! A razão encontra seu verdadeiro lugar e os anjos também. Um grande lugar! Na casa de José, eles nada têm a temer, não serão falsificados: eles podem tornar-nos inteligentes sem que nos tornemos orgulhosos, visto que sabemos que recebemos tais luzes; eles podem iniciar-nos na ternura sem que percamos o senso do respeito; na intimidade, sem que ignoremos as distâncias; na liberdade, sem que renunciemos a um exato controle de nós mesmos; na provação, sem que sejamos esmagados (cf. 2Cor 4,7-8).

Somente entram na intimidade da Sagrada Família aqueles a quem José autoriza: os pastores, os magos, Simeão, Ana... Aqueles dos quais ele desconfia, como os indiscretos, os soldados de Herodes, que queriam agredir seu Menino, são mantidos a distância. Ora eles ignoram o que acontece, ora não podem agir.

Tornar-se filho de José significa imitar o que faz o pai (cf. Jo 5,19); é uma arte bem simples de conduzir sua vida mental, escapando de seus pensamentos, palavras interiores, impressões diversas, de modo que esses *inimigos espirituais* (cf. Ef 6,12) possíveis não tenham mais via de acesso. Pequenos momentos de calma, de controle, de presença diante de impressões reais são mais preciosos do que se acredita a fim de subtrair-se à agitação, aos pensamentos negativos, a distrações perigosas. É uma arte da qual cada um deve estar consciente, pois ela é essencial, uma arte na qual cada um deve exercitar-se mediante esforços elementares, dentre os quais o primeiro é uma respiração tão calma quanto possível. Os outros esforços elementares a serem aprendidos estão ligados ao modo segundo o qual vivemos tais sensações: perceber o que temos sob os olhos, tocar verdadeiramente o que temos na mão, escutar um leve ruído, se possível natural como o vento, a água ou o canto de um pássaro. Todas essas práticas humildes arrancam a alma humana das influências perigosas, contra as quais ela tem poucos meios de ação, e abrem-na à influência divina. Pode-se dizer que Maria é a Rainha dos anjos, mediante os quais se traduz habitualmente a influência divina, no plano mental. José é o filtro dos anjos: entrar em seu silêncio e em sua noite, por algum tempo, é permitir uma espantosa decantação.

Se, realmente, como diz São Paulo no final da Epístola aos Efésios, nossos verdadeiros inimigos *não são de carne e de sangue*, ou seja, não são as outras pessoas, mas esses espíritos perversos que nos perturbam e nos desgarram, compreendemos que Maria deseja que os homens de hoje descubram como pôr em funcionamento esse filtro!

Junto a José, quando estamos deveras unidos a Cristo, o demônio nos teme, diz São João da Cruz. Alhures, ele nos engana...

Jacques Maritain disse: "Haverá sempre muitas verdades e muitas mentiras". Palavra de pensador autêntico, palavra mais profunda que um poço! Certamente, muitas verdades se espalham em todos os domínios do saber, as técnicas progridem, mas às vezes à moda de avalanchas, de maneira assassina, porque a sabedoria humana não está à altura da inteligência, como já lastimava Henri Bergson, no final de seu grande livro *As duas fontes da moral e da religião*. Os equívocos, as aproximações, os erros, as ilusões, as ideologias assassinas, as mentiras, em resumo, multiplicam-se ao mesmo tempo que inegáveis descobertas.

Eis por que cada dia que passa torna mais desejável uma justa consciência da proteção que o Pai quer oferecer-nos em José, como ele fez por Jesus.

JUGO SUAVE, FARDO LEVE

Ao refletir sobre isso, descobrimos que a arte procurada consiste em viver uma sentença misteriosa de São João da Cruz: "Um único pensamento do homem vale mais do que todo o universo; eis a razão pela qual somente Deus é digno dele".[1] Entrevê-se que nada deveria entravar a verdadeira liberdade humana, aquela que vem do Espírito de Deus, mas vemos menos bem em que consiste concretamente o fato de "pensar em Deus"...

Aí é que a Sagrada Família traz uma resposta desconcertante: Deus é simplicidade; Deus é realismo: Deus está na manjedoura, na fuga para o Egito, na carpintaria. Deus está no combate cotidiano para sobreviver, ainda que não se tenha grandes arroubos, quando se é perseguido pela doença, pelos credores, por um cônjuge difícil, desde que se viva determinado estado de espírito. Contanto que haja um cantinho para a esperança, ou seja, determinada forma de coragem e de altruísmo, tão presente, de fato, nos pobres esforços humanos.

Há uma maneira simples de se agitar, na vida ao rés do chão, no cotidiano, que alcança o coração do Evangelho e a paternidade de José, sem que se tenha tomado consciência disso. Jesus travou essa guerra incansável contra o Mal sob todas as suas formas, e foi em Nazaré que ele a aprendeu longamente.

Se Maria consegue introduzir-nos nessa arte, refletiremos menos e agiremos mais, sem cair, o mínimo que seja, no ativismo. Aprenderemos a praticar, silenciosamente, as ações que são necessárias, em um silêncio que não é somente exterior, mas também interior, como Bernadete. "Ele nada diz e não mais pensa nisso!", como diz o humorista.* Mas as coisas se fazem... E no coração desse

---

[1] *Ditos de luz e amor*, 34.

* Jacques-Charles Odry (1781-1853), ator cômico do *vaudeville* francês. (N.E.)

silêncio há uma convicção: Cristo está ali, mediante seu Espírito Santo, sem que eu o sinta minimamente. Eu o creio. É ele que, de fato, age através de mim, fala, ama, perdoa. Uma convicção que é apenas um pensamento, tal sua profundidade, obscura, sem contorno, embora indubitável. Lá, sem dúvida, atingimos a intuição de São João da Cruz, como a de Napoleão, que, ademais, no domínio que ele conhecia, diz uma verdade: "A guerra é uma arte simples e toda de execução".

"Pois o meu jugo é suave e o meu fardo é leve" (Mt 11,30), diz Jesus. De fato, não se trata senão de fazer uma série de ações elementares, sendo cada uma relativamente simples, às vezes muito simples, infantil. É lá que a majestade divina e toda a sua corte nos esperam. Aqui, não há mais pequenas coisas, visto que as grandes, sem elas, tampouco existiriam (cf. Lc 19,17)! Às vezes, porém, trata-se também de tomar grandes decisões dilacerantes. Em todos os casos, aquele que quer viver à sombra de José sente que ele desliza para um espaço de alegria, de liberdade, de beleza escondida, de amizade, onde tudo conspira para dispor favoravelmente a alma, para reconfortá-la, encorajá-la a continuar, dar-lhe um pouco de maleabilidade e de paciência (ao que chamo "a magia divina").

Um fardo leve, diz ainda Jesus. É um fardo porque, aqui, o egoísmo é impossível e logo vemos pesar sobre nós não apenas nossas próprias dificuldades, mas as dos outros. Nada sendo individual, tudo se torna pessoal, ou seja, em relação com outras pessoas. Mas, ali também, certa força nova de discernimento (para não ser absorvido, abusado, confiscado), certa força de realismo, um dinamismo, uma animação que não se sabe de onde provém, tornam bastante leve o que teria parecido acabrunhante, até mesmo impossível. O impulso mais inédito e mais importante provém da amizade. Nada alivia mais as cargas mais pesadas; os santos não cessem de repeti-lo com Santo Agostinho: quando existe o amor, "ou a gente não sofre, ou o sofrimento é, ele próprio, amado". E nos seres é ainda Deus a quem a gente ama, "pois me parece que eu nada amo senão Deus e todas as almas para Deus"[2]... E o amor que nos move, a nós, pobres criaturas, vem do Todo-Poderoso.

O Espírito Santo, o Espírito de Jesus, visto que ele dá aos homens esse Espírito como ele próprio o recebia do Pai (cf. Jo 20,21), o Espírito Santo ama criar para nós as condições que o Pai quis para o Filho. Elas desembocam na irrecusável simplicidade de José, o primeiro degrau da escada do paraíso, como dizia São Leonardo de Porto Maurício.

Ninguém deveria dizer que não é digno, que não pode, que não sabe, pois Deus é quem faz tudo, quando o deixamos fazer, à moda de José, que, precisamente, não podia fazer senão isso. A arte de tornar-se como crianças!

Uma falsa humildade faz-nos dizer a miúdo, diante de uma Santa Bernadete, por exemplo: "Ah! Mas ela era uma santa!". Cada um de nós deve tornar-se um santo original, inédito, indispensável... Deus quis que essa "filha de José" fosse levada "por caminhos ordinários", como diziam, não sem desapontamento, os superiores de Nevers, para que

---

[2] Reconhece-se o pensamento de São Francisco de Sales, em uma de suas cartas já citadas anteriormente.

ninguém a pudesse recusar, como a isso convidam as predestinadas demasiado grandes e extraordinárias. Visemos ao mais simples e ao mais comum, e Deus poderá fazer o que ele quiser, o que não deixa de suscitar interesse... Tenhamos em mente Marta, que acolhe Jesus em sua casa, e poderemos, talvez, admirar o encontro de Maria, a contemplativa aos pés do Senhor. Com efeito, é assim que fala Teresa d'Ávila, na sétima Morada de seu *Castelo*, no ápice, ao centro: Marta e Maria aí se encontram, ambas tão dignas quanto importantes.

Enquanto aguardamos, olhemos para esse pai que Deus nos dá, e que Maria nos mostra. Nele veremos três coisas:

- ele não fala e nos ensina determinado silêncio;
- não o vemos, e Jesus desaparece completamente entre suas mãos; ele tem o segredo da Noite;
- é preciso permanecer com ele: ele nos ensina a viver o Tempo.

SILÊNCIO

Os espíritos esclarecidos sabem que o silêncio será a linguagem do céu. Sobre a terra, ele já é a condição das comunicações essenciais: "O Pai diz uma única Palavra, seu Filho, e no silêncio eterno ele a diz sempre: a alma deve também ouvi-lo em silêncio".[3]

Esta é a razão por que o salmo explicita que a linguagem do céu, do dia e da noite, é uma linguagem silenciosa,

---

[3] São João da Cruz, *Máximas*, 147.

"não é uma fala, nem são palavras, não se escuta a sua voz" (Sl 19,4).

Encontrar algo dessa linguagem oculta, comunicar para além das palavras é encontrar os segredos da Sagrada Família, é escapar a uma multidão de mal-entendidos, de complicações, até mesmo de doenças. É abrir-se a possibilidades desconhecidas de expressão intelectual, poética, amorosa. Eis por que São João da Cruz especifica: "A maior necessidade, se quisermos progredir no sentido desse grande Deus, é calar-nos em nossos desejos carnais e em nossa língua, pois a linguagem que ele prefere é o silêncio amoroso".[4]

O místico espanhol, que não abandonamos aqui, foi alcançado por um médico no começo do século, Roger Vittoz (morto em 1925), um protestante de grande profundidade, autor de um método de regulação psíquica que é uma obra-prima de simplicidade e de eficácia, *o método Vittoz*. Ensina principalmente o que José é encarregado de dar a conhecer a todos os homens: a arte de eliminar... eliminar os pensamentos inúteis sem combatê-los, mas escapando docemente às suas garras, à sua lógica implacável, como José furtou-se às garras dos soldados de Herodes. Combater os maus pensamentos, como se ensina no templo, é a melhor maneira de torná-los mais obsessivos, mais perigosos. Deixemos ao arcanjo São Miguel o cuidado de enfrentar as forças do Mal; com José, que não passa de um homem como nós, aprendamos a arte preciosa da esquiva.

---

4 *Puntos de amor*, 53.

É a arte praticada por Jesus quando de seu primeiro confronto com o Inimigo.

Como fazer para escapar às evidências do orgulho que sublinham a superioridade deste, a nulidade daquele, passando, ademais, facilmente de um a outro, para chegar, nos dois casos, à mesma rigidez? Como fugir às sugestões mórbidas da sensação dessa atração pelo álcool, pela droga ou, simplesmente, ao retorno fatal das ideias fixas? Como esquivar-se desse passado compulsivo onde o Inimigo encontra, sem esforço, motivo para acusar, dia e noite, sua infeliz vítima diante do trono de Deus (cf. Ap 12,10)? (Mui frequentemente, essa vítima em questão está de acordo com essas acusações e pensa que só pode ser Deus que remastiga tantas verdades...)

Se aprendemos a prática do silêncio interior com aquele que não fala e que está encarregado de ensinar-nos, ficaremos espantados de ver as montanhas deslizarem e desaparecerem... (cf. Mc 9,29).

O princípio da operação consiste em substituir, em um ponto do tempo, nossa lógica mental, qualquer que seja sua força e sua coerência, por uma sensação verdadeira: o que eu toco, o que ouço realmente fora de mim (não interiormente...); o solo que tenho sob os pés, a árvore que tenho diante dos olhos, que devo aprender a olhar "com a candura de um bezerrinho..." (que arte, sobretudo para um intelectual!). Tudo é bom para nos desenraizar desse drama a que chamamos "pensamento", não sem uma rara inconsciência. A Escritura adverte-nos a miúdo que os pensamentos dos homens são tenebrosos e vãos.

O que não vem de Deus, como todos os espirituais observaram, de Santa Catarina de Sena a São João da Cruz, é muitas vezes brilhante, excitante, em seus começos; a seguir, fonte de mal-estar, de tristeza, de perturbação. O que vem de Deus é muitas vezes áspero, pouco atraente, no início, mas logo se torna fonte de profunda paz. Tal constatação singular é que tanto emocionou o jovem Inácio de Loyola quando comparava a impressão que lhe causavam alternadamente as coisas desse mundo e as que ele encontrava na vida dos santos. Essa verdade, uma vez admitida, está no centro da arte de discernir, nos *Exercícios espirituais*. No entanto, basta que concedamos um pouco de silêncio a nossa alma para que esses princípios de discernimento funcionem por si sós, e com que nitidez!

Cada um de nós deve encontrar as vias do silêncio, em si, começando, como já dissemos de passagem, pela respiração:[5] respirar calmamente, tomando consciência do lado simbólico da operação, é como o primeiro passo espiritual, a primeira forma de obediência inteligente da criatura diante de seu criador. Expiar com José (o patrono da arte de expirar, de eliminar, de morrer...) para respirar da mesma maneira com Maria (mulher acostumada pelo Espírito, fonte de toda "inspiração", sopro divino...). A respiração assim vivida torna-se como o balancim do funâmbulo, graças ao qual ele não cai e avança sobre o arame. A respiração é a única realidade psíquica sobre a qual temos influência direta, para atravessar determinadas passagens difíceis, onde corremos o risco de nos aterrorizar, de nos

---

[5] Padre Déchanet consagrou um livro, que se tornou clássico, a esses temas. Chama-se precisamente *Les Voies du silence*.

desgarrar e de deixar-nos alienar (com a cumplicidade dessas forças das trevas às quais não se deve dar mínima importância, mas cuja nocividade seria ridículo ignorar).

Eliminar para assimilar. Descartar a distração para orientar a atenção. Eis as bases do diálogo de José e de Maria, onde o esposo prepara o caminho da esposa, onde as muralhas de Jerusalém protegem e abrigam os palácios (Sl 122[121],7); onde a prudência da serpente, essa criatura flexível, humilde e silenciosa, que tão bem evoca a ação de José, introduz diretamente a graciosa pomba, em quem tudo se simplifica, se eleva... (cf. Mt 10,16); onde a noite prepara a aurora.

A NOITE DA FÉ

Existem dois limites à atenção humana: a do homem que adormece, ao abandonar-se a essa sabedoria biológica oculta em sua profundeza e que somente ela pode refazê-lo em profundidade; a do homem que toca as fronteiras do "êxtase", porque entreviu a beleza, o amor, a verdadeira oração. Quando o homem esquece de si mesmo para prestar atenção, esse outro misterioso, *o Espírito Santo, geme nele com gemidos inefáveis, pedindo o que o homem não sabe pedir* (cf. Rm 8,26), como diz São Paulo.

Há como que duas formas de abandono, duas formas de morte a si mesmo.

Elas são como dois polos entre os quais se desenrola a vida humana em seu aspecto mais cotidiano, o mais banal. Mas essa vida cotidiana, se quisermos que ela se desenvolva no espaço da Sagrada Família, deve conhecer, também ela, suas "mortificações", como se dizia antigamente: "[...] se viverdes segundo a carne, morrereis; mas se, pelo Espírito, matardes o procedimento carnal, então vivereis" (Rm 8,13).

Eis, portanto, três formas de morte, perfeitamente coordenadas, mediante as quais o Patrono da Boa Morte libera os tesouros da nova Sabedoria, o próprio Jesus, que Maria conserva para nós. Bem-aventurado aquele que sabe em que direção buscar tais tesouros! Diz São Paulo: "Pois morrestes, e a vossa vida está escondida com Cristo em Deus" (Cl 3,3); bem-aventurado aquele que entreviu – ele não sabe como – onde Deus esconde Cristo, sobre a terra, na noite da fé.

A fim de conferir um cunho perfeitamente concreto à aprendizagem a que é preciso que nos submetamos, nada é mais instrutivo do que meditar sobre a primeira e a mais elementar dessas três formas de morte, a arte de se entregar ao sono.

Bergson costumava dizer, em uma fórmula célebre, que "dormir é desinteressar-se". O homem desinteressa-se de sua vida mental ordinária em nome de um interesse primordial: o de se refazer em profundidade, de se deixar recuperar por Deus.

O momento em que um homem se estende sobre seu leito após ter-se docemente preparado para isso, descartando-se em tempo de tudo o que poderia inutilmente agitá-lo, é essencial, porque o sono é essencial. Aqueles que dormem facilmente em geral não se dão conta disso ou, pelo menos, não têm consciência tão convincente quanto os que conheceram penosas fases de insônia. Como quer que seja, o caráter essencial do sono não está ligado unicamente à sua importância sobre o plano do equilíbrio humano, mas também a seu valor de símbolo, aos ensinamentos exemplares aos quais corresponde.[6]

Como Jesus dormindo em meio à tempestade, o sono exprime a perfeita confiança em Deus, que ele próprio *não dorme nem cochila* (Sl 121[120],4) e que se ocupa de nós tanto quanto lhe permitimos fazer. Eis por que o Senhor faz crescer a colheita do justo, durante seu sono instrui José a respeito de suas vontades secretas, propõe uma visão da morte totalmente desdramatizada no que diz respeito à morte do justo ("[...] 'a menina não morreu; ela dorme'. [...]" [cf. Mt 9,18-25]; a mesma coisa no caso de Lázaro). Mas é preciso ir mais longe. O esforço que deve fazer aquele que busca o sono quando não adormece facilmente, contrariamente ao feliz mortal do salmo que *adormece assim que se deita* (cf. Sl 3,6), este esforço é exemplar. É como o modelo de todo esforço espiritual.

É preciso ter duas posturas diferentes quando se está no leito:

- a posição de reflexão, leitura, conversa, oração... quando nossa cabeça não toca o lençol (ou talvez sentado, ou deitado, com as mãos por trás da cabeça, por exemplo);
- a posição do sono: a cabeça toca o lençol. Nessa segunda posição, nenhuma forma de pensamento ou mesmo de oração, no sentido que damos habitualmente a essa

---

[6] É infelizmente notório que nossa época agitada, inquieta, tão distanciada dos costumes do antigo bom senso, tem muita dificuldade de conciliar o sono. Milhões de pessoas recorrem aos produtos farmacêuticos...

palavra (ou seja, uma forma de atividade mental consciente), é mais tolerável, pois ela está em contradição direta com a busca do sono. Ou o pensamento, ou o sono.

Na verdade, é o corpo todo inteiro que se torna imploração, dispondo-se a esse dom incomparável que é o sono natural, que desce do Pai para nos restaurar, nos instruir, nos renovar, consolar na necessidade e nos arrancar às angústias mortais que põem em risco nossa vida psíquica.

Para ajudar a descida bem-aventurada do sono, é preciso sair docemente, pacientemente, de todo pensamento regular, concentrando-se sobre as sensações elementares, um pé, uma perna, uma mão, o envolvimento de um cobertor, um vago rumor ou, simplesmente, a arte de se deixar acalantar por sua própria respiração, como uma criancinha de alguns meses. Abandonar-se, não escolher sua posição na cama: há, em nós, uma sabedoria que sabe a esse respeito infinitamente mais do que nós, quando a deixamos agir!

Durante o sono, como os sábios o estudaram de perto nesses últimos anos, a natureza faz alternar as fases de sono leve e de curtos períodos de sonho, particularmente benéficos. Tudo acontece em nós e, de alguma maneira, fora de nosso controle direto.

As mesmas conclusões aplicam-se exatamente a essa forma de oração profunda que Santa Teresa d'Ávila ensina como mestra em seus escritos: a oração, que ela explica no capítulo VI de sua *Autobiografia*, da qual José é especialista. Não há do que se espantar em relação a isso, visto que fazer oração é deixar o modo usual de pensar para entrar misteriosamente em comunicação com o Bem-Amado. Não se trata de encontrar a si mesmo, mas de perder-se, exatamente como na busca do sono. O esforço de descontração, de esquecimento de si, de sutil despistamento do pensamento e de sua lógica comum é exatamente o mesmo.

E ali também, tal como o sono cai sobre nós sem que nada possamos fazer para evitá-lo, essa comunicação pode estabelecer-se com o Senhor, proporcionando-nos benefícios absolutamente sem medida comum com os esforços que fizemos.

Tudo é dom. Nada é automático, nenhuma técnica é infalível, nem para dormir, nem para rezar, nem para fazer-se amar. É exatamente isso que a magia busca, o que prometem enganosamente os gurus e as seitas. Não, Deus é Espírito, e o Espírito é liberdade, absolutamente nada o pode condicionar. Mas se nós soubermos comportar-nos como criancinhas confiantes, então essa liberdade paternal nada pode recusar-nos: "Ora, se vós, que sois maus, sabeis dar coisas boas aos vossos filhos, quanto mais o Pai do céu saberá dar o Espírito Santo aos que lhe pedirem!" (Lc 11,13).

O MENTAL E O ESPIRITUAL

Trata-se, efetivamente, de abrir-se ao Espírito Santo, o Espírito do Filho vindo do Pai, e é apenas isso. Tudo, sem exceção, na aventura humana, retorna, como pensava São Serafim de Sarov, a esse Dom dos dons que tudo contém. No entanto, esse Espírito Santo, jamais o sentimos diretamente, pois nada há em nossa consciência que seja proporcionado naturalmente a tratar com Deus. São João da Cruz e todos os mestres espirituais insistem, com razão, sobre esse ponto.

Melhor, como dizia Padre Condren, o último diretor espiritual do Padre Olier, quanto mais Deus se aproxima de um ser, menos é sentido, pois essa aproximação é sempre mais espiritual, portanto sempre menos sensível. Deus gosta de conceder aos iniciantes fortes impressões a fim de atraí-los, encorajá-los, à moda dessas lembranças inesquecíveis que causam, às vezes, um retiro, uma peregrinação, um encontro. Mas, paulatinamente, é preciso acostumar-se a viver em uma espécie de secura, onde somente a fé alcança, sem nada ver, o que ela mantém firmemente.

"O amor não consiste em experimentar grandes coisas, mas na aceitação do despojamento e do sofrimento por aquele a quem se ama", diz São João da Cruz.[7]

De algum modo, é preciso acostumar-se a passar da vida mental, que corresponde à nossa clara consciência, ao que sentimos, evocamos mentalmente, imaginamos, experimentamos em nosso corpo ou em nosso psiquismo, para a vida espiritual, onde, aparentemente, tudo é abolido.

Essa passagem não é fácil: não passa da variação de um tema que está no centro de nosso estudo, a descida de Jerusalém a Nazaré; Jerusalém, imagem da vida mental, tão "religiosa" quanto se queira, tão rica quanto se queira, e Nazaré, imagem da vida espiritual, despojada, silenciosa,

---

[7] *Puntos de amor*, 36.

obscura. Não, essa passagem não é fácil, mas, felizmente, como diz o anjo, "para Deus nada é impossível" (Lc 1,37).

José, quando, graças a Maria, o deciframos, parece-me o mestre dessa delicada passagem.

Talvez alguém fique surpreso de saber que não dirijo frequentemente orações a São José, ao passo que tenho profunda consciência de não rezar senão nele. Não penso nele (em que se apoiaria o pensamento?), mas ele me ensina, justamente, a arte de não pensar "à maneira humana", que tão a miúdo entristece Jesus em relação aos apóstolos (cf. Mt 16,23).

Tomemos um exemplo: quanto mais um ser nos é caro, menos devemos pensar nele. É espiritualmente que devemos alcançá-lo, quer ele esteja presente, quer ausente, e não pela imaginação, pelo devaneio ou por um jogo de impressões que interpomos. O mental deve estar a serviço da operação com a maior discrição possível: não deve mascarar, captar, deter, nem, com tanto mais razão, deformar. No entanto, dizemos bem, a menos que haja algum tipo de milagre, é fatal que seja assim.

O mental humano é invasivo e, ademais, é deformado, na maior parte do tempo, exceto em uma criancinha e naqueles que terminam por assemelhar-se às crianças, depois de uma longa purificação. Jamais a palavra de Jesus foi tão verdadeira, terrível palavra, na verdade: "Ninguém é bom senão Deus" (Lc 18,19). A imaginação humana, a memória, os sentimentos e o resto são um campo de erva daninha e de grãos bons, dramaticamente misturados, e é preferível que não toquemos em nada, como diz Jesus. Quanto mais a afetividade se desencadeia naquilo a que chamamos amor ou em seu contrário (cólera, indignação, inveja, medo etc.), mais o mental se faz delirante, tirânico, perigoso, mais ele corre o risco de falsear a realidade objetiva.

Que dizer de ideias fixas, de obsessões e de outras dificuldades análogas dramaticamente difusas!

José ensina-nos a arte suprema de morrer para a nossa vida mental, a fim de nos permitir renascer para uma maneira de ver que se assemelha à de Maria e não se parece senão longinquamente ao que poderíamos conhecer anteriormente. Façamos a experiência, algum dia, de jamais evocar voluntariamente o ser que nós amamos muito; começaremos, então, a compreender que o amor vem de muito mais longe, de muito mais profundamente que de nosso coração humano apenas, de nossos sentimentos, de nosso julgamento, quaisquer que sejam suas qualidades... Faremos a experiência de uma liberdade tão nova, de uma perspicácia, de uma força amorosa tão engenhosa que não poderemos mais negar que tudo isso vem de outro lugar...

João da Cruz, esse filho perfeito do Carmelo, da Casa de Maria e de José, havia-o dito bem, mas era difícil acreditar!

> Não tornes presentes as criaturas se queres conservar o Rosto de Deus claro e simples em tua alma; antes, porém, evacua e distancia delas fortemente teu espírito e, assim, caminharás em meio a luzes divinas, pois Deus não se parece com elas.[8]

---

[8] *Máximas*, 33.

Inumano? Impossível? Somente os que tentaram durante certo tempo podem realmente falar disso e compreender que é por meio de tais caminhos que se alcança, de fato, o que se buscava tão mal, à moda dos homens impacientes e imperiosos, ou demasiado sonhadores... São Francisco de Sales havia compreendido que Deus nos faz alcançar nossos objetivos quando os perseguimos à moda dos remadores, voltando lhes as costas!

APOIAR-SE NO TEMPO

A novidade do tempo, a verdadeira, aquela que vem de Deus somente, ele, que *faz novas todas as coisas* (cf. Ap 21,5), foi o segredo de José e de sua impossível missão. Ele era advertido progressivamente, sucessivamente, a respeito do que devia fazer, como vemos no Evangelho de São Mateus ou no de São Lucas. O tempo, segredo do Pai, dispunha-o interiormente a cada instante para enfrentar essas provações desconcertantes. O tempo acompanhava-o amorosamente a fim de lhe facultar fazer frente a esse período único, na História da humanidade, quando Deus torna-se lentamente homem.

José teve de praticar essa "perseverança" que Jesus recomenda como o segredo da vida (cf. Lc 8,15; 21,19), essa atitude de coração a que São Paulo chama "constância de vossa esperança em nosso Senhor Jesus Cristo" (1Ts 1,3). Agora ele nos pode mostrar como confiar no tempo (visto que Deus trabalha aí) sem jamais dominá-lo: "[...] Não cabe a vós saber os tempos ou momentos que o Pai determinou com a sua autoridade" (At 1,7), poderia ele dizer, a exemplo de Jesus. Viver inteligentemente com o tempo, existe aí uma arte superior que José aprendeu em companhia de Maria, a seguir de Jesus, sobretudo, de maneira eminente. Mas eles quiseram também, misteriosamente, aprendê-la com ele.

O que é certo é que o tempo vivido na Sagrada Família é um tempo sempre construtivo, positivo, voltado para a vida, pois o silêncio e a noite de Deus, confiados a José, inclinam-no para a eternidade. Mesmo quando as aparências são contrárias, estamos certos de uma coisa: o tempo trabalha para nós. Basta crer durante certo tempo para ver surgirem as promessas, que não parecem sempre com o que havíamos previsto, longe disso! Joana d'Arc havia compreendido que ela seria libertada por "uma grande vitória"... mas ela não podia prever que se trataria de sua morte sobre a fogueira de Rouen.

Será preciso aprender, sem nenhum fatalismo, a apoiar-se no tempo como o pássaro se apoia no ar, como Jesus menino se apoiava sobre os braços de José.

A imagem da águia ou do abutre, ademais, veio sob a pena dos autores bíblicos para evocar a proteção paternal (Dt 32,10-11):

> Em terra deserta o encontrou,
> na vastidão ululante do deserto. [...]
> Qual águia que desperta a ninhada,
> esvoaçando sobre os filhotes,
> também ele estendeu as asas e o apanhou
> e sobre suas penas o carregou.

Por que não ver, nessa águia que protege, a mulher, no capítulo 12 do Apocalipse, isto é, que protege a Igreja, cada um de nós, a imagem mesma do Pai protegendo sua família, como José o fez efetivamente pela primeira Igreja? Deus é fiel, Deus é coerente; o que ele fez, ele continua a fazer. É por meio daquele que a Igreja reconheceu como o Patrono da Igreja universal que o Pai quer proteger a Igreja de seu Filho, de quem Maria é a figura, a Mãe (Ap 12,14):

> Mas a Mulher recebeu as duas asas da grande águia
> e voou para o deserto,
> para o lugar onde é alimentada,
> por um tempo, dois tempos e meio tempo,
> bem longe da Serpente.

Que quer dizer essa passagem de aparência obscura? Parece-me que tudo o que entrevimos lhe confere um sentido aceitável que se esclarece progressivamente.

Essa águia é a imagem do tempo quando é vivido como convém, ou seja, como Jesus o vivia, em uma confiança total diante do Pai. Pode-se dizer, então, em toda a verdade, que o tempo é a graça. Chega-se à experiência de Santa Teresa d'Ávila, que sabia que "a paciência tudo alcança". Em muitas passagens, a Bíblia percebe essa relação entre o tempo e a águia: Jó (9,25-26) lamenta-se de que seus dias "correram mais rápidos que um atleta; fugiram e não viram a felicidade. [...] se esvaem sem terem provado a felicidade, como a águia que se abate sobre a presa"; o salmista, ao contrário, admira-se da exuberância dos dons de Deus, sempre novos, "tua juventude se renova como a da águia" (Sl 103,5). A águia simboliza bem essa paciência divina plena de solicitude, que salva aqueles que confiam: "[...] e como vos levei sobre asas de águia e vos trouxe a mim" (Ex 19,4).

As duas asas da grande águia são o segredo de uma verdadeira maneira de viver o tempo. Essas asas são o silêncio da alma e a noite da fé, ou seja, as duas especialidades de José, homem providencial, escolhido pelo Pai. O dragão não pode mais nada contra aqueles que sabem obedecer a José, como fez Jesus durante tanto tempo, observando esses dois pontos essenciais. Por quê? Porque o dragão, imagem do demônio, não passa de uma criatura, e como toda criatura precisa de elementos criados para poder intervir em nós e nos perturbar: precisa de fantasmas, tirados de nossa memória ou de nossa imaginação, ou, ainda, de palavras interiores, como as que cantam tão frequentemente nos pobres cérebros humanos. Isso lhe basta para fazer as maiores devastações. Aprender a arte tão simples mas tão exigente de fazer silenciar sua pobre cabeça, de confiar *naquele* que não nos pode faltar, é fazer funcionar as duas asas da grande águia e salvar o tempo, permitindo que o poder da cruz se manifeste aí. A cruz está no centro do tempo: "Cristo é força de Deus, não somente como o enviado de Deus, Filho de Deus e Deus mesmo, mas como Crucificado. Pois a morte da Cruz é o meio de salvação que a insondável sabedoria de Deus inventou" (Edith Stein).

O resplendor da cruz gloriosa está no coração de todo o nosso trajeto. Graças a ela, uma nova maneira de viver o tempo na Sagrada Família libera três vantagens:

- a primeira é a densidade que assume o momento presente. Ele representa a realidade, portanto o mundo de Deus, a única referência. Por conseguinte, é melhor exercer a maior vigilância sobre a memória e a imaginação: "Portanto, não vos preocupeis com o dia de amanhã, pois o dia de amanhã terá sua própria preocupação! A cada dia basta o seu mal" (Mt 6,34).

- a segunda é a prática da solicitude divina com relação àqueles que se reconhecem como crianças pequeninas: *Deus coopera em tudo para o bem daqueles que o amam* (cf. Rm 8,28). "Tudo" deve ser tomado aqui ao pé da letra: tudo nos ajuda, tudo nos constrói! A "magia divina" está a nosso serviço para fazer de nós servidores, e quanto mais o cremos, mais isso é verdadeiro.

- a terceira é o benefício "da coincidência dos contraditórios". O tempo e a eternidade se casam, assim como o começo e o fim, o anjo e o homem: os anjos podem fazer desde hoje seu trabalho de julgamento final e unir em feixes, em nosso pobre campo, o joio e o trigo. Nós começamos a nos sentir iluminados, desenvoltos, simplificados... sem saber muito como.

Tudo é paradoxal nesse espaço. Para aquele que aprende a deslizar com Jesus pelo tempo do Pai, como o pássaro desliza no ar, as maiores catástrofes, as mais horríveis crises assumem outro sentido: "[...] levantai-vos e erguei a cabeça, porque a vossa libertação está próxima" (Lc 21,28).

Ó José, ensina-nos essa arte incomparável onde triunfa o Espírito do Filho obediente ao Pai, a arte de apoiar-nos sobre a novidade constante do Tempo paternal, qualquer que seja sua forma, seguros de que ele nos sustenta sempre, guia-nos e nos faz crescer, ainda que, por vezes, tenhamos a impressão de "caminhar sobre a água"... como São Pedro.

As duas mãos do Filho

As prevenções contra o lugar tão importante que cabe a São José no mistério cristão caem desde que se considere uma verdade elementar: como Maria, José faz parte integrante do mistério de Cristo, como as mãos fazem parte do corpo.

Certamente, pode-se entabular uma relação com uma pessoa sem levar em conta suas mãos. Cada um de nós está para além de suas mãos. Podemos, a rigor, perdê-las, mas o drama que isso representa sublinha sua necessidade fundamental. Costumeiramente, nada fazemos sem nossas mãos. Cristo ama agir por meio de José e de Maria.

Santo Irineu encontrou essa ideia aplicando-a ao Pai, desde a aurora do Cristianismo. "O Pai", dizia ele, "age com suas duas mãos, que são o Filho e seu Espírito".

O que é interessante destacar, brevemente, é a extrema diferença de cada uma dessas mãos e a perfeita harmonia de sua dupla intervenção.

O Filho é a Palavra pela qual o Pai chama os seres à existência, *cada um segundo sua espécie*, como diz o texto do Gênesis. A partir do caos primordial, essa Palavra distinguirá as inumeráveis criaturas, concedendo-lhes, a cada uma, sua forma e seu papel particular. Por isso é que a Escritura a compara a uma "[...] espada de dois gumes. Penetra até dividir alma e espírito, articulações e medulas.

Julga os pensamentos e as intenções do coração" (Hb 4,12). Eis por que a Lei judaica interdita a mistura que colocaria no caminho da confusão, do caos: os cruzamentos, os híbridos, o acasalamento de animais diferentes; a homossexualidade, que ignora a diferença sexual... Tais práticas fazem o homem regressar ao caos primitivo. Desde que o Filho fez nascer essas criaturas diferentes, desde que a Palavra fez existir por meio da distinção, o Espírito esmera-se em tornar suas combinações tão harmoniosas, em oposição às misturas informes: sua obra-prima, que tudo coroa, é a unidade amorosa do homem e da mulher, *imagem e semelhança* do próprio Deus! É o Espírito que casa o espiritual e o carnal, o instinto e a razão, o hidrogênio e o oxigênio...

Da mesma maneira, como não perceber que o próprio Espírito tem duas mãos pelas quais ele atinge incessantemente o ser humano que somos nós: os anjos e os santos. Ali, ainda, os procedimentos da ação são radicalmente contrários: o anjo é dotado de uma intuição rápida como o raio, infalível; seus conhecimentos são perfeitamente coerentes. O santo é um ser de argila, que patinha, que constrói lentamente, obscuramente, o pequeno mundo frágil de seus conhecimentos. Junto a José e Maria, na Nova Jerusalém, como já dissemos, os anjos comunicam as luzes aos santos e os santos dão uma expressão aos anjos, expressão da qual eles são desprovidos. Maravilhosa colaboração sem a qual os santos não saberiam nada de interessante e os anjos não poderiam manifestar-se.

Por certo, o Espírito Santo une-se pessoalmente àquele que se abre à caridade (cf. Rm 5,5): "[...] quem adere ao Senhor torna-se com ele um só espírito" (1Cor 6,17). Sem esse Espírito, não podemos *pertencer a Cristo* (cf. Rm 8,9). Mas para que esse Espírito possa vir e ficar são necessárias duas condições: José e Maria, as duas mãos de Cristo.

A ação dessas duas mãos está condensada num versículo de São Paulo: "[...] se já morremos com Cristo, cremos que também viveremos com ele" (Rm 6,8). Reconhecemos aí o mistério batismal: graças a um gesto expressivo, esse sacramento primordial faz o homem viver a morte ao pecado e a ressurreição para a vida nova.

José, "nosso pai e Patrono da Boa Morte", como dizia Bernadete, ensina-nos a morte, e Maria, a nova vida, seu segredo, e tudo vem de Cristo.

O mundo ao qual devemos morrer é o mundo da distração, não no sentido de divertimento, mas no de desvio. O pecado desvia-nos, a nós e a todas as nossas energias, todas as nossas possibilidades, da verdadeira meta de nossa existência, que é o amor.[9] O mundo ao qual devemos abrir-nos é o da atenção, onde se destaca Maria. José é o antidistração, a fim de que Maria possa tornar-se, em nós, a atenção sempre nova.

Resumamos todo o processo:

O Pai coloca tudo nas mãos do Filho (cf. Jo 13,3).

O Espírito Santo é aquele que assegura essa transmissão, em todas as suas dimensões, em todos os seus aspectos, que interessam aos mínimos mecanismos da criação, aos mais recônditos pensamentos humanos. Para esse fim é que

---

[9] "A única coisa que nos consola de nossas misérias é a diversão; no entanto, é a maior de nossas misérias" (PASCAL, Blaise. *Pensées*. Éd. Brunschvicg. p. 171). Divertimento tem um sentido bem forte aqui.

trabalham incansavelmente, sob sua direção, os anjos e os santos.

É com suas duas mãos que Jesus constrói sua Igreja.

Maria, Rainha dos anjos e Mãe de todos os santos, dispõe o coração dos homens para que seu Filho possa descer aí. Ela entende disso.

Mas a última mão, a que dá o último toque, a disposição essencial, afastando os perigos sutis de ordem espiritual, dos quais estamos longe de calcular com precisão, o mais das vezes, é José, que está encarregado disso.

Ele está no fim dessa cadeia incomparável que parte do Pai e que volta a ele. Dessa corrente ele é o humilde primeiro elo: é a ele, de início, que devemos aprender a obedecer no íntimo de nosso coração.

CONCLUSÃO

UM PERCURSO

No final deste percurso, à descoberta de José, o pensamento de Padre Olier me volta à memória e me dou conta de que o compartilho ainda mais profundamente do que no ponto de partida: "Em minha opinião, este santo está longe de ser compreendido pelo espírito dos homens". Quanto mais eu avanço, mais o mistério se aprofunda, de algum modo, mas se me torna ainda mais querido; mais me parece grande, presente, indispensável. Nem por um minuto deixei de apoiar-me nele, e tenho avançado. Ajudei também irmãos e irmãs a divisá-lo, a entrar corajosamente nessa nuvem, tão simples e tão exigente, e eles encontraram um pouco mais de paz, de luz; fizeram a experiência de um tipo de possibilidade nova de liberdade. Quando alguém se acha atado, prostrado; quando lhe parece que tudo é escuro, obstruído, sem solução, e que o tempo trabalha fatalmente contra ele, curiosa é a impressão de ver que é possível uma clareira, que existe uma remissão, que um pouco de alegria e de liberdade pode ainda conferir a uma vida um significado completamente diferente!

Quem quer que faça, um pouco demoradamente, a experiência dessa forma de simplificação e de proteção que está oculta na paternidade de São José, que, quando colocada em prática, é força engenhosa, respeitosa, eficaz, esse não tem mais tanta necessidade de que se lhe fale: um dispositivo interno, um tipo de estrutura interior surge em cena e começa a funcionar nele, bem exigente e muito doce. Ele se põe a temer a distração de seu espírito, a vagabundagem mental; ele não escuta mais da mesma maneira as sugestões de sua sensibilidade. Ele concede a maior importância à atenção.

As palavras de Jesus – *meu jugo é suave e meu fardo, leve* – assumem um sentido concreto, como se ele nos dissesse: "Assumi meus pais como vossos, fazei as experiências que fiz com eles, pois tudo o que me pertence agora pertence a vós!".

Será interessante, quando tal maneira de ver e de viver for mais difusa, poder mudar as impressões: nesse mundo incomparável, ninguém pode se vangloriar do que quer que seja. Cada um é convidado a partilhar o que tem consciência de haver recebido. São Paulo traz uma palavra de Jesus que os Evangelhos não conhecem diretamente: "Há mais felicidade em dar do que em receber" (At 20,35). Jesus é o primeiro a reconhecer ter recebido do Pai tudo o que ele tem a alegria de nos dar. Maria canta essa alegria no *Magnificat*. Que dizer de José, o humilde carpinteiro!

Na Sagrada Família existe um tipo de troca completamente exemplar. A Bíblia nos diz que José é instruído, durante a noite, pelos anjos. Graças a essas advertências divinas, ele pode cumprir seus deveres singulares, passo a passo, e todo o mundo lhe obedece. No entanto, sabemos agora que os anjos obedecem secretamente a Maria. Simbolicamente, isso quereria dizer que as luzes de José vêm de Maria... Mas ela mesma não pode utilizá-las senão quando seu esposo as tiver decodificado! Quanto a Jesus, ele quer repousar inteiramente sobre esses dois seres a quem seu Pai o confiou. Que jogo misterioso! Ele deveria funcionar em nossa vida de hoje, para nossa maior alegria e nosso máximo benefício.

A Sagrada Família assumiu, efetivamente, toda a sua dimensão no céu: no céu, José recebe Maria, sua esposa, em sua casa, para o mistério da geração do Corpo de Cristo. Como pensava tão fortemente São Francisco de Sales, sua assunção parece simplesmente dentro da lógica das coisas!

Reconhecer a paternidade de José, conseguintemente imitar esse pai, como fez Jesus, é simplesmente descobrir a exigência cristã no nível "dos pés e das mãos", e não nos discursos, nas justificações, que são, a miúdo, como dizia Péguy, "capitulações" ("capitular é quando se começa a explicar em vez de agir..."). São José ensina a arte de menos pensar para ser mais inteligente; a arte de menos sentir para ser mais amante na tradição mesma do Carmelo, nascida entre suas mãos no dia 24 de agosto de 1562.

> Para chegar a saborear tudo, não tenhais gosto por nada.
> Para chegar a possuir tudo, desejai nada possuir...
> No momento em que vos detendes em alguma coisa,
> cessais de lançar-vos no todo.[1]

São coisas completamente incompreensíveis, como o próprio José, desde que vistas de fora. Como tudo muda a partir do momento em que começamos apenas a penetrá-las! Para entrar, às vezes, é preciso ser ajudado um pouco,

---

[1] SÃO JOÃO DA CRUZ. *A subida do monte Carmelo*. 1, cap. 13.

empurrado um tantinho por alguma provação ou algum encontro inesquecível...

Algumas pessoas, como João XXIII, Bernadete ou o Irmão André, parecem predestinadas a essas descobertas em razão da origem delas, de seu caráter; outras, como Marcel Callo, por causa da sua condição de operário. É comovente constatar que, no estilo de Bernadete, ele deixa Rennes, sua cidade, a fim de livrar seu pai dos assédios da Gestapo, no dia 19 de março de 1943. Ele parte como operário, requisitado pelo Serviço de Trabalho Obrigatório (S.T.O.), mas, acima de tudo, como missionário. Morreu exangue, torturado, em um campo de concentração, mas pacificado, em uma inalterável doçura, no dia 19 de março de 1945.

Que todos esses testemunhos de ontem e de hoje ajudem a Igreja nessa descoberta de uma nova face do Pai, através de José, como Jesus.

DISCERNIMENTO

A fraqueza de certa apresentação recente do Cristianismo está ligada à ausência de um componente essencial, no entanto presente em toda parte, tanto na Palavra de Deus quanto na realidade: o mundo invisível, composto de criaturas invisíveis, das quais falam incessantemente o Evangelho e São Paulo, encarregados de tornar pessoal a mensagem de Deus para nós e de apresentar a Deus nossa oração. Existem também esses espíritos, originalmente criados por Deus e que lhe são sempre submissos, de algum modo, mas que se tornaram mentiras vivas, inimigos de toda vida verdadeira, nossos autênticos inimigos (cf. Ef 6,12). Esses dois tipos de criaturas não são, efetivamente, de forma alguma comparáveis: os anjos que disseram sim a Deus são realidades consistentes, espiritualmente, que constroem, participam ativamente na edificação da Igreja.

> O não a Deus desfaz, faz perder a unidade interna e a coerência, sem a qual uma pessoa não é deveras ela mesma. Portanto, é engano perguntar se Satã é uma pessoa; é engano também responder que ele não é certamente um ser pessoal. É um ser que não tem consistência em si mesmo porque é o ato de dizer não que desfaz tudo e a si mesmo. Como um fanático que se afirmasse matando todo mundo, se ele pudesse, e terminasse por matar a si mesmo.[2]

Esses *espíritos do ar,* como diz São Paulo (cf. Ef 2,2), não têm a consistência que lhes conferimos, em nossa loucura. Se deixarmos que se estabeleçam em nós, ao pensarmos mal, ao não nos vigiarmos, eles podem tornar-se muito nocivos.

Hoje em dia, a despeito de uma descoberta incontestável do Espírito Santo, ignora-se demasiadamente o mundo invisível e suas leis. Ignora-se demais a extrema ambiguidade de tudo o que diz respeito ao espírito humano e aos espíritos dos quais jamais possuímos conhecimento direto.

Os espíritos do *sim* (aqueles que obedecem à Rainha dos anjos) são aliados tão discretos, tão simples, tão coerentes que corremos o ricos de ignorá-los totalmente, ao

---

[2] POUSSET, E. In: *Parole de foi, parole d'Eglise.* Droguet-Ardant. p. 85.

longo da vida, como o homem de boa saúde ignora o próprio fígado.

Os outros buscam ser esquecidos, sempre que podem, a fim de favorecer impunemente essa atmosfera de tristeza, de dúvida, de divisão, de suspeita ou de obsessões mentais tão frequentes. Às vezes, eles se desmascaram por ocasião de verdadeiros desdobramentos favorecidos pelo álcool, pela droga, pela violência brutal e, então, são capazes de desencadear um autêntico fascínio pelo terror, de interesse mórbido. Deixemos de lado os desgarrados, que cultivam as diabruras para fins inconfessáveis.

Quanto menos soubermos abrir-nos aos anjos de Deus, dos quais muitas vezes ignoramos até mesmo a existência, tanto mais ficaremos desarmados diante dos outros.

A doutrina de São João da Cruz sobre a matéria é uma obra-prima: ela corresponde ao que tentamos expor chamando de "a descida a Nazaré". É a arte de escapar às complicações confiando secretamente no Senhor, que pode penetrar em nós estando todas as portas fechadas, como ele faz no local onde se escondem os apóstolos, na noite de Páscoa. O diabo não consegue isso.

"[...] examinai tudo e guardai o que for bom" (1Ts 5,21). Conselho precioso, mas difícil de viver, pois supõe o problema resolvido, como se diz: para exercer o discernimento, é preciso ter discernimento! Eis por que José parece aqui tão útil: o tempo discerne sozinho, desde que nós consintamos com seu silêncio e sua noite.

AMOR

A Sagrada Família não tem sentido senão em relação a Jesus, que "se entregou por nossos pecados, para nos libertar do presente mundo mau, segundo a vontade de nosso Deus e Pai" (Gl 1,4). Tudo vem de seu amor e tudo a ele conduz: estar unido a ele e não formar senão um com ele, assim como ele forma um com o Pai, tal é a justificação da existência do universo e da História dos homens. Maria, diante de quem o arcanjo se inclina, apaga-se diante de Jesus: "Fazei tudo o que ele vos disser" (Jo 2,5). Por meio dela é que desce aquele que São Paulo chama "Primogênito dentre os mortos" (Cl 1,18).

É por Maria que descem as promessas de Deus, "recapituladas" em Jesus Cristo, e ela goza, por isso, de um privilégio que a Igreja levou dezoito séculos para reconhecer: sua Imaculada Conceição. Essa ausência de todo pecado, longe de distanciá-la da raça humana, faz dela, ao contrário, a criatura mais íntima de nossos corações, porque somente o pecado distancia os homens uns dos outros. Mas não é por meio de José que essas promessas começam a realizar-se? Não pertence ele a essa humanidade a um tempo miserável e sublime, que é a nossa, miserável em sua realidade profunda e sublime à medida que se abre ao Espírito?

Aqui, não podemos avançar senão com maior precaução, pois a Igreja nada definiu. Ela não o sabe ainda: ousando pronunciar-se sobre Maria, ela começou a fazê--lo sobre José, como se os dois esposos não pudessem ser separados, mas o mais importante ainda está por ser descoberto.

Não se poderia pensar que José se assemelha a nós em tudo? Certamente, antes de mais nada ele foi um filho do Pai muito atento, visto que era *um justo*, como diz a Escritura. Nossa experiência é clara para todos: ser justo entre os homens supõe muitos combates, sofrimentos, incompreensões da parte daqueles que o são menos...[3] Nada de tudo isso, sem dúvida, foi poupado a José.

Em seguida, ele foi o esposo amoroso de uma mulher excepcional, que, por sua vez, amava-o com o mais terno amor.

Enfim, em razão das circunstâncias, pai de uma criança exteriormente igual a todas as outras, ainda que suas reações devessem falar à sua alma de pai, de judeu e de crente a um grau de profundidade do qual nada podemos dizer. Só o silêncio convém.

Uma série de realidades tão simples quanto insondáveis, que fazem dele uma personagem a um tempo comum e completamente extraordinária, como deve ser todo cristão... Parece-me que ele é, entre os homens, como que o modelo, inseparável de sua esposa, daqueles que tentam dizer *sim* a Deus mediante todo o seu ser e que toda resposta à amizade divina se situa dentro da sua.[4] De um

---

[3] Pensamos nos sofrimentos do jovem José, tais como foram narrados pelas revelações privadas de Marie d'Agreda, Catherine Emmerich ou Maria Valtorta. Não podemos detalhá-los, mas tais relatos dão o que pensar.

[4] Em um dos livros mais surpreendentes jamais escrito sobre São José, *Saint Joseph intime*, elogiosamente prefaciado por Pio X, no dia 10 de março de 1908, o autor, Charles Sauvé, escreve: "A Santíssima Trindade compraz-se nele mais do que nos anjos e nos santos".

lado, ele se assemelha a nós em tudo; por outro, de uma maneira que a Igreja não cessa de descobrir há séculos, não sem admiração, ele mantém uma relação única e indefinível com o Pai eterno.

Eis a razão de seu estatuto tão particular. Eis por que "dirigi-vos a José e fazei o que ele vos disser" (Gn 41,55) ressoa na História antes da palavra semelhante de Maria, em São João, aplicada a Jesus.

Eis por que, em um mundo muito duro e corrompido, que jaz completamente entre as mãos do malvado (1Jo 5,19), a astúcia da serpente, flexível e silenciosa, ao rés do chão (especialidade de José), é o começo necessário à simplicidade da pomba, em que Maria é incomparável (cf. Mt 10,16). Eis o motivo pelo qual é preciso atravessar as muralhas de Jerusalém (cf. Sl 122,7), isto é, abandonar nossas pretensões, nossas falsas lógicas, nossos sistemas pseudocientíficos ou as falsas revelações das seitas, para ter acesso ao palácio da verdadeira Sabedoria amorosa. Eis por que a porta vigiada por José, nesse novo mundo que é o Carmelo, precede aquela guardada por Maria. Eis por que, enfim, Maria coloca José à frente, no momento da primeira grande escolha terrena de Jesus, que comandará todo o resto: "[...]Olha, teu pai e eu estávamos, angustiados, à tua procura!" (Lc 2,48). Palavra tão misteriosa que o próprio Jesus parece surpreso!

Ó José! É raro que te fale assim diretamente, no momento em que tento obedecer-te. Considero como uma graça única ter entrevisto tua paternidade, pois sei que ela tudo contém: ela representa essa aceitação do real no dia a dia, esse real vindo do Pai eterno, que, em seu insondável amor, ama ocultar-se de nós.

Essa paternidade introduz a paz do coração e a confiança da fé, que são o clima insubstituível das outras graças. Ela ensina a alcançar Jesus oculto na novidade cintilante do tempo presente.

Ela parece vazia e silenciosa, ao passo que contém toda memória e toda Palavra. Ela parece fria e indiferente, enquanto, na verdade, abriga Maria e todas as doçuras da amizade. Ela nos faz escapar de todos os nossos inimigos ao liberar todos os anjos, indispensáveis para nossa proteção e nossa instrução espiritual. Como o astro misterioso diante do qual os outros se inclinam, ela atrai todos os magos do mundo e se torna o cadinho de todas as buscas, visto que junto dela é que a Sabedoria eterna realizou seu mais caro desejo: habitar entre os filhos dos homens (cf. Pr 8,31).

Sim, José, por meio de Maria e nela tu te tornaste o pai do Filho, ao mesmo tempo que "o lugar-tenente" do Pai, e vosso diálogo secreto se desenvolveu de maneira tão inefável que nada, sobre a terra, se lhe pode aproximar, ao passo que todos os passos que damos sobre o Caminho, toda a Verdade, todas as verdadeiras experiências de Vida nos mergulham nele.

Bernadete toma-te por pai em um "agora" eterno. Que possamos também, sobre seus passos, descobrir a pequena porta e o caminho seguro que conduzem à vida, a fim de nos tornar filhos no Filho e saborear, desde já, alguma coisa dessa vida eterna voltada para o Pai (cf. 1Jo 1,2).

Lourdes – Sauveterre de Béam,
Festa de Nossa Senhora do Monte Carmelo.

Uma realização

Se se quisesse saber a que pode assemelhar-se, hoje, o mundo de José, sobre a terra; se se quisesse ver com os próprios olhos uma concretização atual de Nazaré, poder--se-ia contemplar, entre outras, a obra de origem alemã de Schoenstatt.

Esse instituto, com suas inúmeras ramificações, abrangendo todos os estados de vida possíveis, nasceu no dia 18 de outubro de 1914, com o padre alemão de vinte e nove anos, ligado à Congregação dos Palotinos, José Kentenich.[5] Ele fazia jus a seu nome!

Ele quis viver, no próprio espírito de Jesus, uma aliança de amor com Maria, em uma obediência amorosa, em uma dependência de todos os instantes em relação ao Pai eterno (que a gente sente bem próximo, visto que ele se manifesta através de tudo o que acontece...). Exatamente o que tentamos compreender como a mentalidade daquele que, em Jesus, torna-se "filho de José"! Tudo começou por meio dele, aliás, no dia em que foi nomeado "pai espiritual" no Colégio Palotino de Schoenstatt, dia 27 de outubro de 1912 (contava vinte e sete anos). Padre José Kentenich foi um pai espiritual excepcional: espírito muito aberto a todos os ramos do saber; dotado de coragem, abandono à Providência, audácia, senso de inovação e de empreendimento, delicadeza no amor, espantoso domínio de si nas situações mais angustiantes... ele suscita

---

[5] Uma excelente apresentação de sua vida e de sua obra foi dada por R. e A. LEJEUNE, *Schoenstatt chemin d'alliance* (Saint Paul, 1985). Essa leitura está plena de ensinamentos e conduz ao cerne do que desejei exprimir.

admiração. A eficiência, a autoridade de sua obra valeram-lhe ser enviado a Dachau pelos nazistas, durante três anos; em seguida, foi perseguido por homens da Igreja. Alguns membros do episcopado alemão do pós-guerra não conseguiam enquadrar uma ação tão poderosa e tão inovadora que fazia sombra, pensavam eles, à sua própria pastoral, e terminaram por denunciá-lo ao Santo Ofício.

Padre Tromp, jesuíta eminente, professor na Gregoriana, inspirador da encíclica *Mystici Corporis* e, acima de tudo, consultor todo-poderoso no Santo Ofício, não compreende a novidade, a independência e, principalmente, essa nota de intimidade divina, no estilo da Sagrada Família, que caracterizavam o movimento. Prisioneiro dessas visões demasiado rígidas, intelectuais, exageradamente marcadas pelas formulações abstratas da escolástica, como outrora Bérulle diante do Carmelo, ele não compreende essa vida borbulhante, no entanto abençoada manifestamente por Deus, como a visita episcopal havia trazido à luz.[6] Padre Tromp exila para os Estados Unidos esse homem forte e calmo, de sessenta e sete anos, proibindo-o de se ocupar de sua obra, a qual, ademais, ele quer dissolver... O decreto está sobre a mesa do papa, que não o assinará! (1951).

Não é senão à idade de oitenta anos que José Kentenich terá o direito de voltar. Em 1965, Paulo VI recebê-lo-á com honras. Sua obra não havia cessado de crescer em sua ausência. Sua causa de beatificação foi começada em 1975, no momento em que se enterrava Padre Tromp.

---

[6] É essa paternidade espiritual e vigorosa, ao mesmo tempo tão respeitosa, no estilo de São José, que contrariava sobretudo Padre Tromp.

Eis o que José Kentenich dizia a seus alunos em 1912:

[...] Vamos aprender, sob a proteção de Maria, a formar a nós mesmos, a fim de nos tornarmos homens de caráter firme, livre, sacerdotal.

[...] não somente vocês, mas eu também. Aprenderemos uns dos outros.

[...] não somente em teoria. Isso não nos serviria de grande coisa. Não, devemos aprender também na prática, colocar a mão na massa, a cada dia, a cada hora.

Como aprendemos a andar? Nossa mãe nos fez grandes discursos? Não, ela nos pegou pela mão e avante! Andar se aprende andando. É assim que devemos aprender a educar a nós próprios, exercitando-nos constantemente!

Essa alusão à mãe é intencional. O Movimento é, de início, um movimento Marial de extraordinária amplitude, pois ele abarca cinco continentes por meio de ramos de atividade bem diversificados (sacerdotes, leigos consagrados, homens e mulheres, enfermos, famílias, peregrinos, institutos seculares, ligas...). As provações tão duras, atravessadas por seu fundador, longe de alterá-lo, ao contrário, robusteceram-no. Um bispo alemão observava que os padres do Movimento permaneceram todos fiéis à Igreja e ao sacerdócio deles, ao longo dessa terrível hemorragia sacerdotal da década de 1970, que conheceu tantos abandonos.

O que caracteriza o Movimento, em primeiríssimo lugar, é uma Aliança de amor com Maria, de uma coragem e de uma convicção sem par. Esse "José" confia plenamente em Maria: o termo da aliança de amor que cada um dos membros deve fazer de maneira concreta, eficaz, profundamente pessoal.

A Mãe de Deus dirige o conjunto e cada um, no detalhe de sua vida, como mãe de família, com a precisão, o calor e o respeito todo divino das liberdades que se veem operantes nas relações tão corteses de Maria e de Bernadete, na Gruta de Lourdes. Liberdade e autonomia são como as noções--chave de Schoenstatt, com essa nota Marial específica que lhe confere a verdadeira cor. Maria conduz a José. A Mãe conduz ao Pai. Tal é a segunda originalidade do Movimento, seu toque verdadeiramente novo e pleno de admiráveis promessas: ele está inteiramente voltado para o Pai. "Não chameis a ninguém na terra de 'pai', pois um só é vosso Pai, aquele que está nos céus" (Mt 23,9), e São Paulo acrescenta que é desse Pai que vem "toda paternidade no céu e na terra" (Ef 3,15). Schoenstatt quer pôr em prática essa maravilha divina, a paternidade.

A carência da paternidade é um dos dramas profundos de nossa civilização. É a ausência de pai que torna tantos indivíduos incertos, desorientados, profundamente infelizes e, sobretudo, perigosos.

Muitos sacerdotes ignoraram, frequentemente, sua paternidade espiritual ou recusaram exercê-la. Era confundida com paternalismo, autoritarismo ou, ainda pior, desconfiava-se dela profundamente.

Reencontrar essa paternidade indispensável, forte, terna, esclarecida, respeitosa das liberdades, é permitir ao Pai eterno comunicar o mais belo de seus dons, os mais desconhecidos e os mais indispensáveis de seus segredos. Aqueles que Jesus nos mostra em ação em todo o Evangelho, de modo especial na história do filho pródigo.

Fazer descer essa paternidade do céu sobre a terra é todo o papel de São José que José Kentenich, por sua vez, encarnou.

Somente essa paternidade pode permitir à razão gozar seu papel de regulador da sensibilidade, por consequência, de desenvolver todas as riquezas, muito pouco conhecidas, da alma e do corpo humano. Essa paternidade, que traduz o Pai eterno, permite à razão, enfim, sem abdicar de nada, encontrar, na fé que a ultrapassa, seu verdadeiro cumprimento: "A medida dos progressos nas ciências deve ser a medida de nosso aprofundamento interior, de nosso crescimento espiritual", já dizia José Kentenich em 1912.

Espantosa aliança da força e da doçura! O bispo de Trèves enfatizava esse "espírito religioso extraordinariamente poderoso" que emanava do fundador. "Será que não é possível que nossa capelinha se torne nosso Tabor, sobre o qual se manifestaria o esplendor de Maria?", dizia ele em 1914, bem no começo da obra. Esse verdadeiro pai espiritual, no espírito mesmo de José, seu pai, soube criar a atmosfera, tão simples e tão verdadeira, que tornava tudo possível.[7]

---

[7] A congregação não foi implantada na França. Há, porém, algumas religiosas da Ordem em um santuário, perto de Cambrai, consagrado por Dom Jenny, no dia 12 de setembro de 1965, à memória de um jovem seminarista alemão de notável piedade, Joseph Engling, morto no combate de 4 de outubro de 1918. Um dos primeiros "santos" do Movimento.

ÚLTIMAS PALAVRAS...

Compreender-se-á, talvez, por fim, a misteriosa fórmula de São João da Cruz, colocada no início desta obra:

"PARA IR AONDE VÓS NÃO SABEIS", isto é, para entrar nesse espaço desconhecido, muito bem guardado, que são os dezoito anos em que Jesus, Menino–Deus, tornou-se o Filho do Homem, em que todo o Evangelho foi elaborado; para penetrar no lugar e no tempo de todas as maravilhas.

"PASSAI POR ONDE NÃO SABEIS", isto é, tornai-vos filhos e filhas desse homem silencioso, tão profundamente apagado, elusivo, que somente Maria conhece verdadeiramente e nos mostra. Vereis que ele tem o segredo de todas as luzes, de toda consistência, pois a ele é que foi confiada a Palavra, vinda por meio de Maria.

***

O filósofo Maurice Blondel, em sua célebre tese de 1893, *L'Action* ["A ação"], exprime de maneira completamente espantosa em que consiste o coração da comunicação desconcertante entre o céu e a terra que Jesus viveu por primeiro. Nele, todos nós somos chamados a vivê-la através das mesmas condições que ele viveu, a vida em Nazaré entre José e Maria, onde, efetivamente, uma ação bem simples é portadora de todo o mistério divino.

SUMÁRIO

PREFÁCIO 7

PRÓLOGO 11

1. DESVELAMENTO PROGRESSIVO 19
   Uma longa noite 21
   Nasce o dia 36
   Pio IX ou a discreta apoteose 43

2. AS GRANDES INTUIÇÕES 57
   Um século surpreendente 57
   São José d'Ávila 61
   Uma novidade radical 65
   São Francisco de Sales 71
   A sombra do santo matrimônio 74
   Padre Olier 80

3. A CONTRIBUIÇÃO DE BERNADETE 95
   Pio IX e Bernadete 95
   O espírito de Nazaré 97
   Os pés e as mãos 100
   A grande ruptura 102
   A descoberta 105
   Morte e sepultamento 108
   A contribuição de Bernadete 111

4. A DESCIDA DE JESUS 117
   O desejo de Maria? 117

A descida 120

A vontade do Pai 123

Uma descida real 126

Cruzar uma soleira 128

5. A SOMBRA DO PAI 135

A provação paternal..135

A nuvem..138

A sombra do Todo-Poderoso 142

Uma profecia singular 147

Primeiro benefício da sombra 151

Segundo benefício da sombra 156

Testemunhas da sombra...163

6. O TEMPO DO PAI 171

O tempo, mistério paternal...171

O homem da quarta-feira 177

A plenitude do tempo 181

O espaço e o tempo 187

A magia divina 191

7. SER FILHO DE JOSÉ...199

Uma urgência: descer a Nazaré.....................................199

Jugo suave, fardo leve...204

Silêncio 208

A noite da fé..212

O mental e o espiritual..216

Apoiar-se no tempo 220

CONCLUSÃO...229

ÚLTIMAS PALAVRAS...244

Rua Dona Inácia Uchoa, 62
04110-020 – São Paulo – SP (Brasil)
Tel.: (11) 2125-3500
http://www.paulinas.com.br – editora@paulinas.com.br
Telemarketing e SAC: 0800-7010081